Wenn der eiserne Vogel fliegt und
Pferde auf Rädern laufen, dann
wird das tibetische Volk wie Ameisen
über die Welt verstreut werden.

*Tibetische Prophezeiung aus dem
18. Jahrhundert*

Franz Alt · Helfried Weyer

TIBET

Ein Volk ruft nach Gerechtigkeit

Tecklenborg

Inhalt

Vorwort

Foto: Stepniak

Liebe Leserin, lieber Leser,

vor Ihnen liegt ein bemerkenswertes Buch mit beeindruckenden Fotografien aus Tibet. Ob als hochgelegenes „Dach der Welt" oder romantisiertes „Shangri La", Tibet erzeugt Assoziationen. Doch Tibet steht nicht nur für schneebedeckte Gipfel, karge Hochebenen oder den Wunsch nach einem harmonischen Zusammenleben, es ist heute weltweit präsent als Symbol für das Eintreten für Gerechtigkeit und Menschenrechte. Und es steht für einen scheinbar aussichtslosen Versuch eines Schwächeren, sich mit den Mitteln des friedlichen Widerstandes und des Arguments gegen einen übermächtigen Widersacher zu wehren. Der Dalai Lama und die große Mehrheit der Tibeter suchen die Lösung der Tibetfrage im Ausgleich mit dem chinesischen Volk und sind bereit, auf die Forderung nach Loslösung Tibets von China zu verzichten. Diese kompromissbereite Haltung ist eine Absage an das Kalkül kalter Machtpolitik. Machtpolitik, die die internationalen Beziehungen so oft bestimmt und die im Beharren auf der eigenen, vermeintlichen Position der Stärke nicht selten zu Gewalt, Tod und Zerstörung führt.

Von Tibet geht also ein Zeichen aus, das der Welt Hoffnung geben und weit über das „Dach der Welt" hinaus strahlen kann. Denken wir an die Wirkung des friedlichen Wandels in Südafrika, an den beeindruckenden Versuch, Frieden und Versöhnung in einer über Jahrhunderte traumatisierten Gesellschaft zu schaffen – welche Schlagzeile wäre Tibetern und Chinesen sicher, wenn Ähnliches aus Tibet zu vermelden wäre! Von der für uns ausgehen könnte: Es gibt einen anderen Weg, Konflikte zu lösen!

Wer die schönen Landschaften sieht, die einzigartige Flora und Fauna, die schneebedeckten Berge, darf nicht die Menschen in dieser Gegend ausblenden. Die Tibeter und letztlich auch die Chinesen brauchen unsere Unterstützung: indem wir mit Nachdruck auf die systematische Verletzung von Menschenrechten und das Unrecht in Tibet hinweisen und versuchen, Einfluss auf die chinesische Regierung zu nehmen, die einmalige Chance zu nutzen, gemeinsam mit dem Dalai Lama eine friedliche Lösung für die Tibetfrage zu suchen. Die Tibeter und der Dalai Lama haben schon viel erreicht – und sie brauchen nach wie vor dringend unsere Solidarität.

Wir freuen uns, wenn Sie die Eindrücke aus Tibet, die Helfried Weyer in diesem Buch festgehalten hat, auf sich wirken lassen – und gleichzeitig die Tibeter in ihrem Ringen um Selbstbestimmung und ein menschenwürdiges Leben unterstützen.

Prof. Dr. Jan Andersson
Vorsitzender der ICT Deutschland e.V.

Die Maitreya im Kloster Tashilunpo wurde vom Neunten Panchen Lama 1914 errichtet. Die Kolossalfigur ist 16 Meter hoch. 165.000 Kilo Bronze und 2.800 Kilo Gold wurden für sie „verbaut".

Der mittlere Weg

Franz Alt · Dalai Lama

Franz Alt: Warum sind Sie 2011 vom Amt des politischen Führers der Tibeter zurückgetreten?

Dalai Lama: Die Tradition, dass der Dalai Lama sowohl politischer wie spiritueller Führer Tibets ist, war 400 Jahre alt. Aber irgendwann geht jede Tradition zu Ende, weil sie veraltet ist. Eine Theokratie passt nicht in unsere Zeit. Ich freue mich, dass mir die Menschen auf der ganzen Welt vertrauen, dass sie mich respektieren. Das tun sie, auch ohne dass ich ein politisches Amt habe.

Franz Alt: Denken Sie, Ihr politischer Nachfolger, Ministerpräsident Lobsang Sangay, wird China gegenüber Ihren „Kurs des mittleren Weges" beibehalten?

Dalai Lama: Das hat er gleich nach seiner Wahl öffentlich bekräftigt. Mittlerer Weg heißt: Tibet bleibt außenpolitisch bei China, bekommt aber mehr kulturelle und religiöse Autonomie und mehr Rechte für eine effektive Umweltpolitik. Ich stelle mir für Tibet eine Lösung vor, wie Südtirol sie gegenüber Italien hat: Autonomie, aber keine Unabhängigkeit. Diese Politik des mittleren Weges fordere ich schon seit mehr als 20 Jahren. 99 Prozent der Tibeter unterstützen mich dabei – und meinen Nachfolger.

Franz Alt: Bei einem Vortrag an der Universität Hamburg haben Sie dieser Tage (Juli 2011) gesagt, dass Achtsamkeit in der tibetisch-buddhistischen Tradition große Bedeutung hat. Warum?

Dalai Lama: Ohne Achtsamkeit zerstören wir nicht nur unsere Familien und unsere Wirtschaft, sondern auch unseren Planeten. Wir müssen lernen, mehr auf die Folgen unseres Tuns zu achten. Die buddhistische Philosophie strebt die Transformation unseres Denkens an. Zum Denken gehört immer auch Fühlen. Mit dem Verstand allein kommen wir nicht zur Vernunft. Wir müssen lernen, ganzheitlich zu denken und zu empfinden.

Franz Alt: Was ist der Kern aller Religionen?

Dalai Lama: Die Praxis von Liebe, Mitgefühl und Respekt. Theorien und Dogmen darüber sind nicht wichtig – entscheidend ist allein die Praxis.

Franz Alt: Im letzten Jahrhundert sind durch Kriege über 200 Millionen Menschen umgebracht worden. Sehen Sie eine Chance, dass unser 21. Jahrhundert ein Jahrhundert des Friedens wird?

Dalai Lama: Die Möglichkeiten dafür sind viel größer als in der Vergangenheit, weil wir heute mehr voneinander wissen. Im Ersten und Zweiten Weltkrieg waren die Menschen sogar kriegsbegeistert, und alle machten mit. Das ist heute unmöglich. In Europa zumindest will fast niemand mehr einen Krieg, und die Menschen wären dafür auch nicht mehr zu begeistern. Gott sei Dank – wir haben gelernt. Wir sind achtsamer geworden.

Franz Alt: Was wären elementare Voraussetzungen für ein Jahrhundert des Friedens?

Dalai Lama: Nur die Wahrheit wird uns frei machen für eine neue Zeit. Wir müssen ehrlich sein, wahrhaftig, offen für sogenannte Fremde. Wir müssen verzeihen und lieben können.

Franz Alt: Und für die Zukunft: Was ist das Wichtigste für die junge Generation?

Dalai Lama: Wiederum Achtsamkeit. Die jungen Menschen aller Länder und Kontinente müssen miteinander ins Gespräch kommen. Ohne Dialog gibt es keinen Frieden. Das gilt für jeden persönlich, aber auch für die Politik. Deshalb hoffe ich auch in Zukunft auf einen Dialog zwischen uns Tibetern und den Chinesen. Je mehr junge Menschen sich gegenseitig kennenlernen, desto besser stehen die Friedenschancen in der Zukunft.

Franz Alt: Sind Sie mit Blick auf das Verhältnis zwischen China und Tibet optimistisch?

Dalai Lama: Viele junge Chinesen wollen ein gutes Verhältnis zu Tibet. Chinas Jugend ist meine Hoffnung für die Zukunft. Die Jugend sollte außerdem nicht nur materielle Interessen verfolgen, sondern auch geistige und spirituelle. Leider überwiegen heute bei den älteren Generationen deutlich die materiellen Interessen.

Der Jugend fehlt es also an Vorbildern. Die weltweiten Jugendaufstände zeigen aber, dass die junge Generation auf der Suche nach neuen Werten ist. Sie scheint mir grundsätzlich systemkritisch zu sein. Auch das lässt mich hoffen. Die junge Generation sucht ein Konzept für eine gemeinsame Anstrengung einer besseren Welt.

Franz Alt: Beten Sie eigentlich für die kommunistischen Führer in Peking, oder sind das Ihre Feinde?

Dalai Lama: Als Buddhist versuche ich stets, meine Religion in die Tat umzusetzen. Ich bete also auch für meine kommunistischen Brüder und Schwestern und für die Führer in Peking. Wie in der Bergpredigt: Feindesliebe ist wichtig. Eigentlich habe ich gar keine Feinde. Es gibt lediglich Menschen, die ich noch nicht kennengelernt habe.

Interview vom Juli 2011

Ich habe in meinem ganzen Leben keinen Menschen gesehen, der wundervoller zu lächeln versteht als der Dalai Lama. Er zeigt das Lächeln eines Kindes, welches den Glauben an die Menschlichkeit noch nicht verloren hat, vielleicht aber auch das Lächeln eines heiligen Mannes.

Noel Barber, britischer Journalist

Ein Mönch, der mit den Menschen lacht

Helfried Weyer

Meine erste Begegnung mit Tibetern hatte ich 1964. Damals war ich in der Kali Gandaki Schlucht in Nepal unterwegs nach Muktinath und kampierte zusammen mit tibetischen Salzhändlern. Ich konnte mich mit den Männern nicht unterhalten, aber sie faszinierten mich. Sie waren für unsere europäischen Begriffe unglaublich schmutzig, verwegen, abenteuerlustig und sehr, sehr gastfreundlich. Die Maultiertreiber reichten mir gesalzenen Buttertee in unsauberen Schalen und als sie mich trinken sahen, lachten diese Menschen aus vollem Herzen. Lachen ist auch eine Form der Verständigung. Ich erinnere mich gerne an dieses tibetische Lachen, das so fröhlich, so unbeschwert, so menschlich klingt.
Dieses Lachen macht die Tibeter jedem sympathisch, der ihnen irgendwo auf der Welt begegnet. Man muss sie einfach gerne haben, auch wenn sie in unseren Augen verwegen aussehen und Dinge essen und trinken, bei denen sich uns der Magen dreht.
Danach traf ich sie immer wieder; in Ladakh, Kaschmir, Nepal, Sikkim und in Bhutan. Sie erzählten von Lhasa, vom Potala, vom Dalai Lama. Schließlich, 1971, war ich selbst Gast beim Dalai Lama in Dharamsala. Hier hörte ich nun aus berufenem Munde vom dramatischen Exodus der Tibeter.

Hunderttausend Menschen waren vor den Rotchinesen über den Himalaya geflohen. Diese Fluchtgeschichte war grausam und schockierend. Schockierend auch deshalb, weil die Weltöffentlichkeit von ihr völlig unberührt blieb. Während die Chinesen in ihrer weltweiten Propaganda von einer „längst überfälligen Befreiungsaktion der unterdrückten und ausgebeuteten Tibeter" sprachen (sie nannten Tibet vor der „Befreiung" eine „Hölle auf Erden"), beschrieb der britische Journalist und Augenzeuge der Ereignisse des Jahres 1950 Noel Barber die Tatsachen so:
„Die Chinesen schickten 30.000 Soldaten nach Lhasa. Die Tibeter verfügten nur über ein paar altmodische Geschütze, die mit Maultieren in Stellung gebracht werden mussten. Hauptziele der Chinesen waren die beiden großen Klöster

Sera und Drepung, wo über 12.000 Mönche und Studenten lebten und beteten ... Die Berichte schwanken zwischen 5.000 und 15.000 getöteten Tibetern ... Zahllose Soldaten der Leibwache des Dalai Lama wurden hingeschlachtet, sie wurden in Doppelreihen vor ein chinesisches Maschinengewehr geführt und Mann für Mann niedergemäht ...
Für gewöhnlich wird ein Tibeter, der stirbt, zerschnitten und außerhalb der Stadt den Geiern zum Fraß vorgeworfen, die seine Seele für die nächste Wiedergeburt frei machen. Jetzt griff man zu einer anderen Methode und warf tausende von Leichen in den Fluss. Er riss die Toten mit sich fort aus der Stadt. Nonnen wurden gewaltsam in die Militärbordelle der Chinesen geschleppt. Wer das Porträt des Dalai Lama trug, wurde erschossen ..."***

---

* In Tibet gibt es bis heute die traditionelle Himmelsbestattung. Da der Boden für Erdbestattungen zu steinig ist und Holz für eine Verbrennung zu knapp, werden Leichen zu speziellen Plätzen – oft in Klosternähe – gebracht und dort von sogenannten „ragyapa" in kleine Stücke geschnitten, die Vögel dann aufpicken. Die Knochen werden zu Pulver zerstoßen, mit Wasser zu Brei vermengt und an Hunde verfüttert.

** Noel Barber: Die Flucht des Dalai Lama, Paul List Verlag, München 1961

Rotmützennovize in Osttibet

Das unbeschreibliche Leid und die Ungerechtigkeit, die das tibetische Volk seit der chinesischen Invasion erdulden musste, wurden von der Weltöffentlichkeit fast total ignoriert. Niemand bei den Vereinten Nationen interessierte sich für eine winzige Nation, die keinerlei Industrie, keine Truppen und keinen sichtbaren Reichtum besaß. Vielleicht geschah das, weil die gigantische Propagandamaschine der Rotchinesen stärker war, als die Wahrheit der bescheidenen und mittellosen Tibeter. Vielleicht aber auch einfach aus Furcht vor dem politischen und wirtschaftlichen Machtfaktor China, mit dem es sich niemand verderben wollte und will.

Und trotzdem haben die Tibeter ihr fröhliches Lachen nicht verloren. Die Kraft dazu schöpften sie aus ihrem starken Glauben, dem Buddhismus. Als China nach dem Tod seines großen Vorsitzenden Mao Tse-tung seine Tibetpolitik ein wenig lockerte und Anfang der achtziger Jahre endlich Fremde zunächst nur nach Lhasa und Umgebung ließ, gehörte ich zu den ersten westlichen Fotografen in Tibet. Der Zufall wollte es, dass Tenzing Norgay zu meiner Reisegruppe gehörte. Tenzing war jener weltberühmte Sherpa, der 1953 zusammen mit Edmund Hillary in der ersten

15

Ein Mönch, der mit den Menschen lacht

Seilschaft den Mount Everest bestiegen hatte. Durch gemeinsame Himalayabekanntschaften freundeten wir uns schnell an und arbeiteten dann sehr erfolgreich zusammen: Tenzing half mir nicht nur Kamera und Stativ zu tragen, er öffnete durch seine Popularität auch Türen und Herzen in Tibet. Es gab damals – wie heute – noch viele Fotoverbote, die von chinesischen Soldaten überwacht wurden. Meist waren sie als Mönche getarnt und wurden von Tenzing schnell erkannt, da er tibetisch sprach – im Gegensatz zu den falschen Mönchen. Tenzing war auch bei den Chinesen sehr populär und gab solange sehr langsam Autogramme, bis ich im Nebenraum meine Bilder unbeobachtet aufgenommen hatte. Dann rief ich laut durch den Potala oder den Norbulinka-Palast: „O.K. Tenzing, I am finished." Tenzing lachte dann wie die Tibeter und freute sich kindlich über jedes so „erkämpfte" Motiv. Erst in den neunziger Jahren wurden dann endlich auch Westtibet mit der Kailash-Region und danach Osttibet mit den berühmten Klöstern Labrang und Kumbum für westliche Besucher geöffnet. Das Lachen der Tibeter zog mich auch in diese abgelegenen Gegenden – und ebenso immer wieder nach Dharamsala, dem Exilort des Dalai Lama in Indien.

1971 hatte ich dort den Dalai Lama zum ersten Mal besucht.

Unmittelbar vor meinem Audienztermin traten Tibeter vor ihren Gottkönig. Nein, sie traten nicht, sie warfen sich untertänig auf den Boden und wagten kaum in sein freundlich lachendes Gesicht zu schauen. „Wenn die Leute ihn irgendwo zu sehen bekamen, ging ihnen förmlich die Puste aus vor Ehrfurcht." Diesen Satz schrieb Peter Aufschnaiter, der während des Krieges zusammen mit Heinrich Harrer nach Lhasa geflohen war und den Dalai Lama noch als kleinen Jungen erlebt hat.

Der Dalai Lama segnete seine tibetischen Besucher – dann wurde „Mister Weyer from Germany" hineingerufen. Unsicher betrat ich den kleinen und bescheidenen Empfangsraum und erlebte sofort ein ganz neues Bild: Seine Heiligkeit stand lachend auf und schüttelte mir kräftig die Hand. Westlichen Journalisten gegenüber war und ist der Dalai Lama immer wohlgesonnen und aufgeschlossen. Ich erzählte ihm von meinen Träumen, einmal Tibet zu besuchen (das Land war damals noch verschlossen), und er strahlte sofort Optimismus aus: „Es wird eines Tages möglich sein, du wirst unser Land kennenlernen und auch fotografieren!" Seit dieser ersten Begegnung trafen

wir uns oft, in Dharamsala, in der Schweiz, und auch in Deutschland.

Einmal kam ich unangemeldet und zu spät zu einer großen Veranstaltung, die Ordnungshüter wollten mich nicht vorlassen. Der Dalai Lama sah mich, unterbrach seine Rede, lachte mir entgegen und winkte mich direkt zu sich auf die Bühne.

Die Situation Tibets ist eigentlich sehr, sehr ernst, aber der Dalai Lama beginnt jede Begegnung, jedes Gespräch mit einem herzlichen und ansteckenden Lachen! Er lacht spitzbübisch, wenn das Protokoll durcheinandergerät oder wenn Projektoren oder Mikrofone plötzlich streiken.

„Würde dieser Dalai Lama weniger lachen, dann hätte er bestimmt auch weniger Freunde auf der Welt!" sagt Tenzin Gyatso über sich selbst.

Das finde ich erfrischend und ermutigend! Die Journalistin Luise Rinser schreibt über dieses Lachen: „Es ist nicht das Lächeln eines sanften Heiligen. Der Dalai Lama ist kein sanfter Mensch. Es ist eine geballte, gesammelte, höchst disziplinierte männliche Kraft."

Solange das Weltall
besteht und solange
es noch Lebewesen gibt,
solange mag auch ich
daran festhalten,
das Elend der Welt
zu vertreiben.

Der Dalai Lama

Tibetische Meilensteine

Erste Besiedlung Tibets

Bön-Religion

König Songtsen Gampo

Prinzessin Brikuti

Tsongkhapa

50.000 v. Chr.

Etwa 50.000 Jahre v. Chr. Beginn der Besiedlung Tibets durch nomadisierende Völker mongolischen Ursprungs. Ab 25.000 v. Chr. entstehen erste Ackerbaukulturen. Ab etwa 100 v. Chr. verbreitet sich die vorbuddhistische Bön-Religion in Tibet. Das war eine Mischung aus Geisterglauben, Hexenkraft und Dämonenangst.

617 – 649

König Songtsen Gampo festigt die erste Monarchie Tibets und erweitert sein Reich nach Westen (Guge) und Nordosten. Er führt den Buddhismus in Tibet ein. Songtsen Gampo heiratet neben der nepalischen Prinzessin Brikuti auch die chinesische Prinzessin Wengcheng. Auf diese Verbindung gründet China unter anderem seinen Anspruch auf Tibet.

1249 – 1350

Tibet erkennt die mongolische Oberhoheit an. Im Gegenzug nehmen die Mongolen den buddhistischen Glauben an. Damit wird die Priester-Patron-Beziehung zwischen tibetischen Mönchen und den mongolischen Khanen begründet.

1357 – 1419

Der Reformator Tsongkhapa gründet die Gelugpa-Schule (Schule der Tugendhaften). Sie wird unter dem 5. Dalai Lama zur dominierenden Schule Tibets.

1578

Sonam Gyatso erhält vom Mongolenherrscher Altan Khan den Ehrentitel „Dalai Lama" (Ozean der Weisheit). Seine beiden Vorgänger bekommen den Titel posthum, so dass Sonam Gyatso als 3. Dalai Lama in die Geschichte eingeht.

Der Potala war Sitz der Dalai Lamas,

Der 14. Dalai Lama

Protest gegen chinesische Unterdrückung

17. Jh.

Der 5. Dalai Lama
lässt den Potala bauen
(über 50 Jahre Bauzeit).
Der gewaltige
Regierungspalast
wird zum
Wahrzeichen Tibets.

1950

Am 17.11.1950
übernimmt der
14. Dalai Lama als
15-Jähriger die
Regierungsgeschäfte.
Im gleichen Jahr
marschiert die chinesi-
sche Volksbefreiungs-
armee in Tibet ein
und besetzt das Land.

1959

Am 10.03.1959 beginnt ein
Volksaufstand der Tibeter gegen
die Fremdherrschaft und wird
von den Chinesen blutig nieder-
geschlagen. Der Dalai Lama flieht
nach Indien und gründet eine
Exilregierung in Dharamsala.
Millionen Tibeter fliehen – bis heute
– aus ihrer Heimat und werden
in alle Welt verstreut.
1989 wird dem Dalai Lama in Oslo
der Friedensnobelpreis verliehen.

2010 – 2012

Anfang März 2010 wird der Dalai Lama
von US-Präsident Obama empfangen.
Am 10. März demonstrieren Millionen
Tibeter in der freien Welt gegen die
chinesische Gewaltherrschaft. An diesem Tag
werden alleine in Lhasa 400 Demonstranten
festgenommen und eingekerkert.
2011 übergibt der Dalai Lama das Amt
seiner politischen Führung an den Tibeter
Lobsang Sangay, der damit Ministerpräsident
der Exilregierung ist. Zwischen Februar 2009
und Dezember 2012 verbrennen sich 95
Tibeter als Protest gegen die Unterdrückung.

Flucht über den Himalaya

Helfried Weyer

Wie eine gläserne Gralsburg liegt der über 7.000 Meter hohe Menlungtse in der kristallklaren Höhenluft des Himalaya (siehe Seite 22). Östlich des Menlungtse liegt der 8.201 Meter hohe Cho Oyu und zwischen beiden Bergen der fast 6.000 Meter hohe Nangpa La, den tibetische und nepalische Händler seit hunderten von Jahren als Übergang von einem zum anderen Land benutzen. Nördlich des Passes liegt das besetzte Tibet, südlich das freie Königreich Nepal. In der dünnen Luft der Passhöhe gibt es eine „Normale Grenzverwaltung mit Schusswaffengebrauch" der Chinesen.

Kelsang Namtso aus dem winzigen und sehr armen Dorf Nagchu war eine junge Nonne von 17 Jahren. Sie kam aus einer ländlichen Gegend und hatte den Wunsch, in einem Kloster zu studieren. Aber in ihrer Heimat war das nicht möglich. Obwohl es Klöster gab, erlaubten die Chinesen dort keine buddhistische Erziehung und zwangen Mönche und Nonnen, den Dalai Lama zu verleugnen und zu diffamieren. China nennt das offiziell „patriotische Umerziehung".

Chinesische Soldaten auf dem Weg zur Leiche Kelsang Namtsos. Der Fotograf, ein britischer Bergsteiger, möchte anonym bleiben.

„Wenn wir lachen, dann lachen wir gemeinsam,
und wenn wir trauern, dann trauern wir gemeinsam."
Tibetischer Autor – unbekannt

„Das zu tun, wäre jenseits meiner Vorstellung", dachte und sagte Kelsang Namtso. Die Frau, fast noch ein Mädchen, beschloss zu fliehen und das indische Dolma-Kloster zu erreichen. Dort wollte sie sich ihren Lebenstraum erfüllen. Dort konnte sie auch den Dalai Lama sehen und seinen Segen empfangen. Am 18. September 2006 verließ eine Gruppe von etwa 80 Tibetern Lhasa. Männer und Frauen und Kinder. Kelsang Namtso gehörte zu dieser Flüchtlingsgruppe und auch der 27 Jahre alte Kalsang Namgyal aus Kardze in Kham. Kalsang konnte und wollte die „patriotische Umerziehung" nicht mitmachen.

Die Flüchtlinge hatten viel zu wenig Proviant für den weiten und gefährlichen Weg und waren für große Höhen und extreme Kälte nur mangelhaft ausgerüstet. Sie glaubten und hofften, den rettenden Nangpa La von Tingri aus – so weit waren sie auf einem LKW gefahren – in einer Woche zu erreichen.

Aber das war ein Trugschluss. Die Gruppe marschierte mit ihrem Führer nachts und erreiche nach unbeschreiblichen Strapazen völlig entkräftet die Höhe des Basislagers am Cho Oyu, kurz vor dem Nangpa La, in der Nacht zum 30. September. Sie sahen das Lager und wussten; dort sind Bergsteiger aus dem Westen, dort gibt es warme Schlafsäcke und warmes Essen – aber auch chinesische Aufpasser. Also galt es, sich am Lager vorbeizuschleichen und Richtung Grenze zu laufen.

In dem Basislager befanden sich zu dieser Zeit mehr als 100 Personen, vor allem Bergsteiger mit Trägern und Lagerpersonal.

Gegen acht Uhr früh trafen die ersten Sonnenstrahlen die hohen Berggipfel. Da zogen die Flüchtlinge in langer Kolonne zum Pass, und die Bergsteiger bummelten in ihre Frühstückszelte.

Plötzlich peitschten Schüsse aus chinesischen Sturmgewehren durch das stille Hochtal. Ein amerikanischer Expeditionsleiter war Augenzeuge der Situation:

„Ich sah die Tibeter am frühen Morgen und war erleichtert, weil ich sie so kurz vor der Grenze wusste. Nach dem ersten Schuss rannte ich aus dem Zelt und sah vier oder fünf Soldaten, die auf der Moräne vor dem Lager knieten und auf die Flüchtlinge schossen – 15 bis 20 Minuten lang."

Die Tibeter stoben in Panik auseinander, versteckten sich hinter Felsen und auch im Schnee. Nur Kelsang Namtso blieb liegen und verblutete kurz vor der rettenden Grenze. Eine Kugel hatte die Nonne in den Rücken getroffen und ihren jungen Körper durchschlagen. China nannte diesen feigen Mord später offiziell „Normale Grenzverwaltung mit Schusswaffengebrauch". Sie versuchten sich vor der Weltöffentlichkeit rauszureden und behaupteten sogar, dass sie die Tibeter zur Umkehr überreden wollten, dann aber von diesen angegriffen wurden und aus Notwehr geschossen haben.

Aber Sergiu Matei, ein rumänischer Bergsteiger und professioneller Kameramann, hatte die gesamte Szene geistesgegenwärtig gefilmt und damit den brutalen Mord an Kelsang Namtso dokumentiert. Er sagte zu dem Geschehen am 30. September:

„Ich konnte aufnehmen, dass ein kleiner schwarzer Schatten zu Boden ging. Man sieht ein menschliches Leben im Bruchteil von Sekunden dahinschwinden. Diese Person atmete wie du, aß wie du, tat genau das gleiche wie du. Nachdem sie in den Schnee gefallen war, versuchte sie nach oben zu kriechen, Richtung Pass, bevor sie liegen blieb. Ich habe dann meine Kamera ausgeschaltet, ich wollte nicht filmen, wie sie stirbt."

Als Sergui Matei später seine Kamera ins Zelt bringen wollte, kam sein Küchenjunge aufgeregt angelaufen und meldete, dass sich in der Lagertoilette ein fremder Mann befindet. Sergiu Matei rannte zur Toilette und fand den völlig verängstigten Kalsang Namgyal vor. Der sprach kein Wort Englisch und der Rumäne kein Wort Tibetisch. Aber er sah, dass der Flüchtling fürchterlich fror und Hunger hatte. Sergui forderte ihn auf, in der Toilette zu bleiben, holte warme Kleidung und ein paar Pfannkuchen mit Käse – Überbleibsel vom Frühstück. Dann brachte der Rumäne heißen Tee in die Toilette.

Schließlich informierte Sergui Matei den chinesischen Lagerleiter und meldete, dass dem

Tibeter geholfen werden muss. Der Chinese sagte energisch nein und erklärte ängstlich, dass er – wenn er dem Flüchtling Hilfe zukommen lässt – erschossen werde.

Aber Sergiu Matei ließ nicht locker und schrie den Lagerleiter an: „Ein Toter ist genug, jetzt muss Schluss sein!"

Der Chinese gab endlich nach und erteilte die Erlaubnis, dem Flüchtling zu helfen. Daraufhin wurde Kalsang Nangyal aus seinem Versteck geholt.

In diesem Moment liefen chinesische Soldaten in das Lager. Aber Sergui Matei stülpte blitzschnell seinen eigenen Hut auf den Kopf von Kalsang und führte seinen Schützling geradeaus ins Küchenzelt. Dort gab er dem Tibeter große Mengen heiße Milch mit Cornflakes und eine ganze Kanne heißen Tee.

„Du brauchst jetzt viel Energie für den Weiterweg zum Nanpa La." Diesen Satz hatte der Rumäne in seiner Muttersprache regelrecht geschrien, so dass der Tibeter erschrak.

Kalsang Namgyal bekam weitere warme Kleidung und wurde mitten in der Nacht weitergeschickt. Fast stolperte er über die tote und schon tiefgefrorene Kelsang Namtso – und entkam doch noch über den nahen Grenzpass. Der Mann erreichte Nepal und besucht heute eine tibetische Exilschule in Indien. Endlich in Sicherheit sagte er später:

„Ich möchte dem Bergsteiger danken, der mein Leben am Nangpa La rettete und den ich gar nicht kenne. Ich finde keine Worte, um meine Dankbarkeit allen gegenüber auszudrücken, die mir geholfen haben, mich an einem sicheren Platz im Lager zu verstecken, wo die Armee mich weder sehen noch gefangen nehmen konnte."

Von der Flüchtlingsgruppe erreichten 43 Tibeter Nepal. Mindestens 15 wurden von chinesischen Soldaten in Haft genommen und in Gefängnisse gesteckt, in denen sie mit Knüppeln und elektrischen Schlagstöcken grausam bestraft und gefoltert wurden. Eines der Kinder hatte während der Schießerei eine schwere Verletzung erlitten. Der Junge starb vermutlich an den Folgen im Gefängnis. Etwa 23 Tibeter hatten offensichtlich den Anschluss zur Gruppe verloren. Ihr Verbleib ist nicht bekannt.

Fast hundert Bergsteiger aus westlichen Ländern haben den geschilderten Vorfall als Augenzeugen beobachtet. Aber niemand traute sich an diesem Tag zur toten Nonne, die in Sichtweite ihres Lagers lag. Und niemand wusste, ob sie nicht doch noch atmete. Bei ihren späteren Aussagen waren die meisten Bergsteiger zurückhaltend. Sie fürchteten finanzielle Verluste bei ihren professionellen Bergführungen, Probleme bei erneuten Einreisen nach Tibet, und sie sahen in einem Zusammenhang mit Mord bei ihrer Tätigkeit nur negative Folgen für das Geschäft mit den Achttausendern.*

Was sind das nur für feige und verlogene Berghelden!

Der Rumäne Sergiu Matei war da eine Ausnahme, ebenso zwei tschechische Alpinisten. Die Männer aus ehemals kommunistischen Ländern sagten mutig aus:

„Wir hatten das Gefühl, in die Zeit von vor zwanzig Jahren zurückversetzt zu sein!"

Kelsang Namtso blieb den ganzen Tag und auch die folgende Nacht im Schnee liegen. Dann kamen Polizisten und schafften den Leichnam fort. Sie wickelten die Erschossene in ein rotes Tuch und zogen sie den Gletscher hinunter.

Die tote Kelsang Namtso wurde nie ihren Eltern übergeben. Der Platz ihres Grabes ist unbekannt. **

---

* Viele Bergsteiger aus dem Westen führen heute gegen Bezahlung Kunden auf Achttausender und machen dabei großen Profit.

** Quelle: Gefährliche Flucht, Bericht der ICT.

Weites Land
zwischen Himmel und Erde

„Wir waren sprachlos angesichts der Leere dieser Landschaft, des unsichtbaren Windes, der über die kahle Ebene fegte, des hohen endlosen Himmels und der absoluten Stille. Mein Herz und meine Seele schienen rein und leer. Ich verlor alles Gefühl dafür, wo ich war, und hatte kein Bedürfnis mehr zu sprechen.“

Xinran Xue in ihrem Buch „Himmelsbegräbnis“

Weites Land zwischen Himmel und Erde

Tibet wurde im Abendland fast immer verklärt gesehen, und die wenigen Menschen, denen es gelang, das geheimnisvolle Land zu betreten, schwärmten:

„Weit im Süden blieb die Welt zurück. Die Sonne Indiens, der Himalaya, die Himmelsberge und der Schnee. Kahle Mondhügel folgten, ureinsames Land, dumpfrote Hügel, braune Steppen, ockerfarbener Sand. Nur ferne Gipfelriesen, Frost, Sturm, Wolken und große Einsamkeit. Ich war enthoben, wie durch magische Kräfte auf einen anderen Planeten versetzt. Mein Herz und meine Sinne waren ganz Tibet, waren inbegriffen in den Zauberkreis seiner geheimnisvollen Macht und seines wunderbaren Lebens. Welch ein Jubel, welche unbeschreibliche Freude, in einem solchen Land zu leben, in einem Lande, wo die Zeit nichts gilt, weil sie für das Verständnis des Menschen keinerlei Bedeutung hat", schrieb der deutsche Forscher Ernst Schäfer 1938.

An anderer Stelle finden wir bei Ernst Schäfer diese Sätze: „Unbekanntes Tibet! Weites Land, das die größten Gegensätze eng benachbart zu verwirklichen vermag: heiße, prächtige Subtropenwelt neben eisiger, kärgster Hochalpenlandschaft, milde, grasreiche Wiesenflächen neben kalten, dürren Steppeneinöden, eingeschlossen und durchzogen von riesigen, zerklüfteten Gebirgsschranken. Wem es einmal vergönnt gewesen ist, einen Blick hineinzuwerfen in dieses urgewaltige, in seiner Weite grenzenlose, maßlose ‚Dach der Erde', den lässt die Sehnsucht nicht mehr los."

Zu den bekannten Tibetforschern gehört auch eine alleinreisende Frau: Alexandra David-Néel. Bei ihr lesen wir: „Von fernen Gebirgsketten eingerahmt lag die ungeheure Hochebene einsam und verlassen unter einem gleichmäßig blauen und strahlenden Himmel. Kein Vogel belebte den Raum, kein Zeichen verriet die Anwesenheit menschlicher Wesen oder wilder Tiere. Die Stille war absolut. Hier auf dem Scheitel der Welt war der letzte Zufluchtsort der Grazien und Feen vor dem städtebauenden Menschen, dem Feind der Natur."

Der Schwede Sven Hedin überschritt die Grenze nach Tibet zum ersten Mal im Sommer 1893. Sein Traumziel Lhasa hat er nie erreicht. Hedin reiste mit einer stattlichen Karawane, mit Dienern und Führern und auch mit einem respektablen finanziellen Rückenpolster aus Europa. Er notierte:

„Meine Mittel waren knapp, meine Karawane daher nur klein; 21 Pferde, 6 Kamele und 29 Esel. Wir zogen dem Winter entgegen, hinauf zu den schwindelnden Höhen eines unbekannten und unbewohnten Landes. Schon Anfang August froren Bäche und Seen zu. Unser Proviant war für 2 ½ Monate berechnet. Anfang August begann unser Marsch ins Unbekannte. Von da an schenkte uns jeder Tag ein Stück neues Land, auf das ein Weißer noch nie seinen Fuß gesetzt hatte. Mit Stolz betrachtete ich meine erste Karawane in Tibet. Die Lasttiere schritten in dunklen Reihen die gewundenen, stillen Täler aufwärts, die seit Millionen Jahren in ungestörter Ruhe geschlummert haben."

Als Sven Hedin 1907 den Salzsee Terinam Tso erreichte, schrieb er in sein Tagebuch: „In den Ohren klingt es wie Schellengeläut und Saitenspiel, man fühlt sich überwältigt von dieser großartigen Schönheit, die das Herz mächtiger berührt als die Predigt eines Bischofs."

„Sven Hedin ist schuld daran, dass ich viele Jahre meines Lebens in Asien verbrachte – und ich bin ihm heute noch dankbar dafür", sagte mir Herbert Tichy wenige Monate vor seinem Tod im September 1986 in Wien, und die Augen des Forschers leuchteten immer noch bei Worten wie Tibet, Dalai Lama und Kailash.

Canyonlandschaft mit blühenden Rapsfeldern zwischen Tongren und Jianzha in Amdo.

Manisteine sind Steine oder Steinplatten, in die heilige
Silben oder Texte (z.B. OM MANI PADME HUM =
oh du Juwel im Lotus) sowie Mandalas eingemeißelt
oder aufgemalt werden. Tibeter legen solche Steine
auf hohen Pässen und an heiligen Orten als Gebete nieder.
Manisteine sind oft richtige Kunstwerke.

Täler mit blühenden Blumenwiesen zwischen kahlen
Bergen prägen das Bild weiter Landstriche überall dort
in Tibet, wo wir uns auf Höhen um 3000 Meter
befinden. Aber zwischen diesen grünen Tälern liegen
dann oft über 5000 Meter hohe Pässe.

Kultivierte Terrassenlandschaften haben in Tibet eine Jahrhundert alte Tradition. Auf jeder noch so kleinen Fläche wird mit mittelalterlichen Methoden Landwirtschaft betrieben, mit Holzpflug und Zugtieren ohne moderne Maschinen.

In der Provinz Kham stoßen wir auf wilde Berglandschaften, in denen die einst so gefürchteten Khampas mit ihren schnellen Pferden zu Hause sind. Sie leisteten lange Zeit erbitterten Widerstand gegen die Chinesen. Khampas sind an ihren roten Schmuckbändern im schwarzen Haar überall in Tibet leicht zu erkennen.

Das Dach der Welt, so sieht es aus: Auf 4000 Meter hoch liegenden Weiden grasen Yaks, und im Süden leuchten die Schneegipfel des Himalaya.
80 Millionen Hektar Weideland in einer Durchschnittshöhe von 4500 Metern ernähren in Tibet etwa 22 Millionen Tiere: Schafe, Ziegen, Yaks und Pferde.

In den endlos weiten Landschaften gibt es immer wieder überraschende Details. Dazu gehören auch die heiligen Felsen Tashidor mit hunderttausenden Gebetsfahnen und Manisteinen, die von Pilgern im Uhrzeigersinn betend umrundet werden – und der Geysir Memotschutsän in 5000 Meter Höhe, der bis zu 30 Meter hohe kochendheiße Wassersäulen in den tiefblauen tibetischen Himmel bläst. Sven Hedin hat diesen höchstgelegenen Geysir auf Erden mitten im Transhimalaya als erster Europäer gefunden und beschrieben.

Sicherer als mit heutigen Lkws
war und ist das Vorwärtskommen
mit der Yakkarawane. So zogen
Nomaden und Händler schon
vor tausend Jahren über das
Dach der Welt und so ist es bis
heute geblieben, zumindest in
Westtibet. Dort gab es bis zum
Einmarsch der Chinesen sogenannte Tazam-Routen. Das
waren von der Zentralregierung
eingerichtete Karawanenwege,
auf denen Yaks zum Wechseln
bereitgestellt wurden. Alle drei
Tage konnte ein Yak ausgewech-
selt werden und sich ebenso
lange erholen. Der zuständige
Tazam Gopa, ein Beamter, sowie
lokale Transportgehilfen über-
wachten das System. Auf diesen
Tazam-Routen, die natürlich
Mautgebühren kosteten, war
eine Karawane doppelt so schnell
unterwegs wie auf „normalen"
nicht betreuten Wegen.

Nachfolgende Doppelseite:
Wenn der Boden der Hochtäler im Früh-
sommer abtrocknet, wird er für Autos auf
breiter Front befahrbar. Dann brechen tausende
tibetische Pilger zum heiligen Berg Kailash auf.
Hier sehen wir sie bei einer Mittagsrast
auf einem weiten Hochplateau in Westtibet.

Der 4678 Meter hoch gelegene Namtso (Himmelssee) gilt als
höchster See auf Erden. Für Tibeter ist er heilig, und deshalb wird er
von unzähligen Pilgern in wochenlangen Märschen umrundet.
Hier habe ich auf meiner eigenen Parikrama die Nordseite des Sees
erreicht und blicke hinüber zum frisch verschneiten Transhimalaya
mit dem 7117 Meter hohen Nyanschen Thaglha rechts der Bildmitte.
Sven Hedin gibt auf seiner Karte den weiter westlich gelegenen
See Terinam Tso (siehe Seite 25) mit 4684 Metern an. Das wäre
also noch etwas höher. Aber nach heutigen offiziellen Karten ist der
Terinam Tso „nur" 4545 Meter hoch.

Unweit des Mount
Kailash steht der 7728
Meter hohe Gurla
Mandata hinter dem
heiligen Manasarovar-
See. Sven Hedin
spricht an dieser Stelle
von der schönsten
Landschaft auf Erden.

Das Dach der Welt
wird von den höchsten
und schönsten Bergen
gekrönt. Der 6640
Meter hohe Khumbutse
über dem Rongbuk-
Gletscher gehört zu
den Trabantenbergen
des Mount Everest.

Der Mount Everest, mit 8848 Meter höchster Gipfel der Welt, liegt im Grenzgebiet zwischen Tibet und Nepal. In den zwanziger Jahren wurde der Berg von Engländern zunächst von Tibet aus erkundet und 1953 von Sir Edmund Hillary und Sherpa Tenzing Norgay von Nepal aus erstmals bestiegen. Das Foto zeigt den Mount Everest vom tibetischen Basislager aus. Seit es an diesem Berg kommerzielle Expeditionen gibt (von Mitte der neunziger Jahre an), ist das 5300 Meter hoch gelegene Basislager zu einem äußerst bunten Rummelplatz mit Verkaufsbuden und vorgeschriebenen Parkplätzen geworden. Es gibt dort sogar Teppichhändler! Während meines letzten Besuches lebten in diesem Lager über 1000 Menschen.

Pilger, Mönche und Nomaden

„Tibeter schätzen nichts so sehr wie ihre
eigene Unabhängigkeit, und jede
Entscheidung wird fast ausschließlich von
diesem Gesichtspunkt aus betrachtet …"

aus einem Brief von Peter Aufschnaiter
an Sven Hedin vom März 1948

Pilger, Mönche und Nomaden

Die tibetischen Wurzeln liegen im Nebel der Geschichte und sind ungeklärt. Fest steht aber, dass diese Menschen nicht mit Chinesen verwandt sind, sondern von Mongolen und alten Turkvölkern abstammen. Und selbst unter den Tibetern gibt es Unterschiede; die Menschen in Zentraltibet sind eher klein gewachsen, die Bewohner von Kham und Amdo dagegen groß und kräftig. In Tibet gehörte alles Land grundsätzlich dem Staat, der große Flächen Klöstern und Adelsfamilien als erbliche Güter überlassen hatte. Die Bauern mussten also als Leibeigene entweder für die Feudalgesellschaft oder für ein Kloster arbeiten.

In den Klöstern gab es auch sogenannte Arbeitsmönche, die Felder bewirtschafteten oder als Handwerker tätig waren. Deshalb lebte der überwiegende Teil der tibetischen Bevölkerung von Landwirtschaft und Viehzucht, in Abhängigkeit von Klöstern und Feudalherren oder selbständig in völlig autarken Klostergemeinschaften.

Angebaut wurden Gerste und Hirse, Buchweizen, Bohnen und Erbsen, die auch als Pferdefutter genutzt wurden. In Tibet wachsen auch Walnüsse, Aprikosen, Pfirsiche und Äpfel und in Lagen unter 3000 Metern sogar Rüben, Kartoffeln und Rettiche. Hauptnahrung war und ist Tsampa, ein Getreidebrei, der mit Butter und Milch angerührt wird und durch Yak- oder Hammelfleisch ergänzt werden kann.

Neben den Bauern gab es viele Händler, die mit ihren Karawanen in die Nachbarländer Indien, Nepal, Sikkim, Bhutan und China zogen. Sie handelten mit Salz und Zucker, mit Tee, Seide und anderen Produkten. Tee kam aus China, getrocknete Aprikosen und roher Zucker von Ladakh. Der gesamte Feldanbau war bis 4500 Meter Höhe möglich, erst darüber begann das Nomadenland.

Die Nomaden lebten alleine von ihren Tieren; Pferden, Yaks (die weiblichen Tieren heißen Dris), Hausrindern, Ziegen und Schafen. Sie lieferten Nahrung, Kleidung und Wohnung und waren Reit- und Packtiere sowie ideale Transportmittel. Selbst Schafe wurden als Lasttiere in Karawanen geführt und neben ihnen auch Esel und Mulis.

Was im christlichen Abendland Kirchen und Dome bedeuten, waren in Tibet die Klöster – Gompa genannt – , das bedeutet frei übersetzt „einsamer Ort". Klöster hatten seit über 1000 Jahren die Aufgabe, den Buddhismus zu verbreiten und zu praktizieren. Außerdem waren Klöster immer auch kulturelle Zentren im Land. Dort wurden buddhistische Feste gefeiert, an denen die Bevölkerung leidenschaftlich teilnahm. Fast jede Familie schickte einen Sohn oder eine Tochter ins Kloster. Die waren wirtschaftlich autark, außerdem gab es immer Spenden aus der Bevölkerung. In Tibet unterscheidet man zwischen zwei Arten buddhistischer Klöster: Die meist in der Nähe des eigenen Wohnortes liegenden Gemeindeklöster (Gzhis Dgon), von denen sich unzählige kleinere und größere über das Land verteilen, getrennt in Mönchs- und Nonnenklöster, und die Klosteruniversitäten (Gdan Sa), die Hauptstudierstätten der Lehre Buddhas. In den Klöstern wohnten Mönche und Nonnen, und unter ihnen waren ganz unterschiedliche immer gut ausgebildete Handwerker; Maler, Bildhauer, Buchdrucker, Spezialisten für Theatermasken und die vielen Götterbilder, Schmiede, Schreiner, Vergolder und andere mehr.

Zum Leben der Menschen lesen wir bei Ernst Schäfer: „Man verzichtet bewusst auf Fortschritt, aber man lebt doch glücklich. Die Tibeter wissen, dass Glück nicht von den Gütern dieser Welt abhängt, sondern in der Hingabe an das Mysterium des Lebens verborgen liegt. In diesem Sinn haben alle Philosophien des Westens nicht einmal ansatzweise zu sagen vermocht, was Glück wirklich ist."

Tibeter sind stolze Reiter. Hier treffen wir einen richtigen „Bilderbuchnomaden" in Westtibet. Diese Menschen lassen sich grundsätzlich gerne fotografieren und stellen dabei keine Forderungen in Form von Geld oder Geschenken.

Ohne Yak ist ein Überleben auf den eiskalten Hochebenen gar nicht denkbar. Das Yak kann in großen Höhen sehr gut existieren. Es ernährt sich von Gras und Flechten und verfügt als Lasttier über enorme Kräfte. Das männliche Tier liefert Fleisch, das weibliche (Dri) Milch, Butter, Käse und Joghurt. Aus dem Fell werden Mäntel, Stiefel und Satteltaschen gefertigt. Das Yakhaar dient als Material für warme, winddichte Zelte, Decken,

Seile und Kleider. Aus der Haut werden leichte Boote gebaut, indem man sie über Holzrahmen spannt. Ihr ausgeschiedener Mist wird getrocknet und dient schließlich als Brennmaterial. Ein Nomade fragte mich, ob wir in Deutschland auch Yaks hätten. Als ich das verneinte, meinte der Mann fast traurig: „Ihr solltet es unbedingt mit Yaks versuchen, dann ginge alles viel besser, bestimmt auch in Deutschland."

Sich niederwerfende Pilger auf
dem Weg nach Lhasa. Diese
beiden Männer traf ich in Amdo,
nach Lhasa waren es noch weit
über tausend Kilometer. Die
jungen Pilger bauen für die Nacht
ein kleines Zelt auf und bewegen
sich dann niederwerfend weiter.
Am Abend markieren sie ihren
erreichten Punkt, gehen die
Tagesetappe zurück und holen
Zelt und Ausrüstung nach.
So legen sie ihre Gesamtstrecke
insgesamt drei Mal zurück.

Dieser Niederwerfer hat einen
richtigen Tross dabei; sein
Bruder zieht einen Wagen mit
Zelt und Ausrüstung, mit unter-
wegs ist auch seine Frau mit
ihrem Baby, das während der
Pilgerreise geboren wurde.
Bis Lhasa werden sie noch ein
Jahr brauchen, und dazu gehört
auch der bitterkalte Winter.

53

Ganz gleich, wo wir auf dem Dach der Welt Tibeter trafen, sie begrüßten uns immer freundlich, lachten und fragten dann nach Fotos vom Dalai Lama. Obwohl ihr Besitz verboten ist, halten diese Menschen so ein Bild stolz über ihren Kopf, um zu demonstrieren: Wir sind nach wie vor Untertanen Seiner Heiligkeit.

Tibetische Nomaden in Westtibet. Der Außenstehende mag solche Nomadenbilder als primitiv und rückständig bezeichnen. Das Lachen dieser Menschen beweist das Gegenteil. Freie Nomaden haben in Tibet nie wirklich gehungert und gefroren – und sie waren auch nicht arm.

Ein Blick ins Zelt. Hier betätigt der Nomade seinen Blasebalg und in wenigen Minuten gibt es heiße Suppe, zu der wir herzlich eingeladen werden.

Wenn wir so ein Lager betreten, drückt man uns sofort einen Becher voll mit salzigem Buttertee in die Hand. Das Zelt ist aus Yakhaaren gewebt. Die Feuerstelle wird mit getrocknetem Yak-Dung geheizt. Man schläft auf und unter Schafsfellen. Das bescheidene Inventar der Familie besteht aus ein paar Säcken mit Gerste, einem Butterstampfer für Milch, Schalen für Tee und Tsampabrei und – natürlich – einem kleinen Altar. An den Lagerfeuern der Nomaden haben wir immer große Gastfreundschaft erlebt und uns entsprechend wohl gefühlt. Und wenn man sich einmal an den zunächst fremdartigen Geruch von ranziger Butter gewöhnt hat, dann empfinden wir die Atmosphäre in so einem Zelt gemütlich und angenehm.

Tibeter – Männer und Frauen – lieben bunten Schmuck aus Bernstein, Gzi-Steinen, Korallen, Türkisen, Kupfer, Gold und Messing.

Sie mögen reich verzierte Amulettkästchen, prachtvolle Haarspangen, mächtige Ohrringe und vieles mehr. Gzi-Steine sind

Achate mit Augen- und Mäandermustern. Tibeter glauben, diese Steine sind vom Himmel gefallen und garantieren ein langes Leben.

Tibeter lieben farbenfrohe Feste und Ereignisse. Vor vielen Jahren starb in Kumbum ein hoher Lama und verfügte in seinem Testament, er wolle genau 50 Jahre nach seinem Tod symbolisch verbrannt werden. Das geschieht hier, unmittelbar vor dem Kloster. Einige tausend Tibeter sind gekommen, um diese stilvolle Verbrennung mitzuerleben.

Thangkaschule in Tongren. Hier lernen junge Mönche die alte Tradition der Thangkamalerei. Dabei handelt es sich um Rollenbilder, die im Wanderleben der Nomaden ihren Ursprung haben. Thangka heißt übersetzt „was man aufrollt". Gemalt wird auf Baumwollstoff, Seide oder Leinen. Als Motive werden vor allem Szenen aus dem Leben Buddhas und anderer Heiliger dargestellt, Mandalas und andere Meditationshilfen.

Tibetischer Mönch, sich niederwerfend, vor dem Kloster Kumbum. Kumbum gehört zu den sechs großen Gelugpa-Klöstern Tibets. Es wurde 1560 am Geburtsort des tibetischen Reformators Tsongkapa gegründet. Der deutsche Forscher Wilhelm Filchner hat 1904 Kumbum besucht und dieser ungewöhnlichen Klosterstadt ein ganzes Buch gewidmet.

Dörfer, Städte, Klosterburgen

„Sie (die Tibeter) sagten in ihrer Bescheidenheit,
dieses Bauwerk mit über vier Meter dicken
Fundamentmauern sei nicht das Werk von Menschen,
sondern dasjenige von Geistern, die jeweils über
Nacht am Potala gearbeitet hätten.“

Peter Aufschnaiter

Dörfer, Städte, Klosterburgen

Als Peter Aufschnaiter 1944 aus Indien floh und durch Tibet wanderte, notierte er: „Nach einmonatiger Reise haben wir nur sieben Häuser gesehen und kein einziges Dorf." Das bezog sich auf den Westen des Landes, und der ist bis heute wirklich dünn besiedelt. Nennenswerte Städte gibt es nur um Lhasa herum (Shigatse, Shegar, Gyantse, Nagchu und Chamdo), kleine und winzige Dörfer sind ebenfalls selten. Dafür finden wir Klöster und Klosterburgen in großer Zahl über das ganze Land verteilt. Dörfer und Städte entstanden in Tibet fast immer nach dem gleichen Muster. Da war zunächst ein Kloster als geistiger Mittelpunkt eines Bezirkes. Dann wurden um das Kloster einige Bauernhäuser gebaut, und es entstand automatisch ein Markt. Damit war die Ortschaft fertig. Viele Dörfer und Städte liegen in Tibet 3000 Meter hoch und höher!

Um Lhasa und die genannten Ortschaften herum habe ich in den vergangenen 10 Jahren gewaltige Großbaustellen erlebt. Die Chinesen stampfen Straßen mit aller Kraft in das Land, ebenso Eisenbahnen und aus ihrer Sicht „moderne Städte". In Zelten lebende Nomaden sind den Chinesen ein Dorn im Auge, diese

Menschen sind schwer zu erfassen und zu kontrollieren und erinnern Peking an mittelalterliche Rückständigkeit. Mit der Bauwut Chinas wird der alte tibetische Charme völlig vernichtet. Bestes Beispiel ist Lhasa selbst. Die 3700 Meter hoch gelegene Stadt ist zu einem seelenlosen Monster mit hässlichen Plattenbauten, Kasernen, modernen Supermärkten, Nachtclubs und Bordellen geworden. Die wenigen alten tibetischen Kulturzeugen wirken wir tote Museen. Einzige Ausnahme ist da der immer noch lebendige Jokhang-Tempel und sein Lingkhor (Rundweg für Pilger). Im Potala, der die Stadt Gott sei Dank noch überragt, vereinigen sich Palast, Tempel, Kloster und Festung. In Reliquienstupas ruhen die sterblichen Überreste von acht Dalai Lamas.

Der Potala ist heute Lhasas große Touristenattraktion, und Ähnliches gilt auch für die vielen Klöster und Sakralbauten im Land, ob als Ruine oder „Neubau".

Vor 1950 waren die Tempel und Klöster voller Leben und wurden dadurch auch baulich unterhalten. Das geschah mit alten Techniken und handwerklichen Methoden, ohne entstellende Veränderungen des bestehenden Bau-

bestandes. Mit der Besetzung Tibets war 1950 schlagartig eine neue Situation entstanden. Jahrelang wurde die Religionsausübung unterdrückt und Mönche, die nicht geflohen waren, in den Arbeitsprozess der sozialistischen Wirtschaftsstrukturen eingegliedert. Die Klosteranlagen wurden damit nicht nur entvölkert, sondern auch geistig entleert. Sie wurden zu Hüllen einer verdrängten Kultur.

Die bescheidenen Häuser der kleinen Dorfgemeinschaften mit ihren Flachdächern, die wie Terrassen genutzt wurden, waren und sind keine ins Auge springenden Sensationen wie der Potala. Aber auch sie waren, eingebettet in die große Landschaft, wichtige Zeugen der tibetischen Kultur. Heute verschwinden diese Häuser zusehends und werden durch chinesische Mietblöcke ersetzt.

Es wäre wünschenswert, wenn China wenigstens unterschiedliche Haustypen mit Gerätschaften, Trachten und anderen volkstümlichen Kulturgütern in einem lebendigen Freiluftmuseum zusammenführen würde.

Als Beobachter und Fotograf habe ich mich bemüht, möglichst viele Bilder von tibetischen Bauten aufzunehmen, alte und wieder aufgebaute. Die Jahre nach 1950 haben Tibet entzaubert, und entzaubert wird das Land bleiben. Aber die Zeugen der Vergangenheit sollten fortleben und geistig-kulturell auch fortwirken; Tibets kulturelles Erbe darf nicht untergehen.

Nach einer hochinteressanten aber anstrengenden Besichtigungstour durch die Düsternis des Potala ist jeder Besucher froh, endlich dessen vergoldete Dächer unter dem blauen Himmel erreicht zu haben. Von dieser Dachterrasse aus hat der jugendliche Dalai Lama das Leben und Treiben unten in der Stadt mit seinem Fernglas beobachtet.

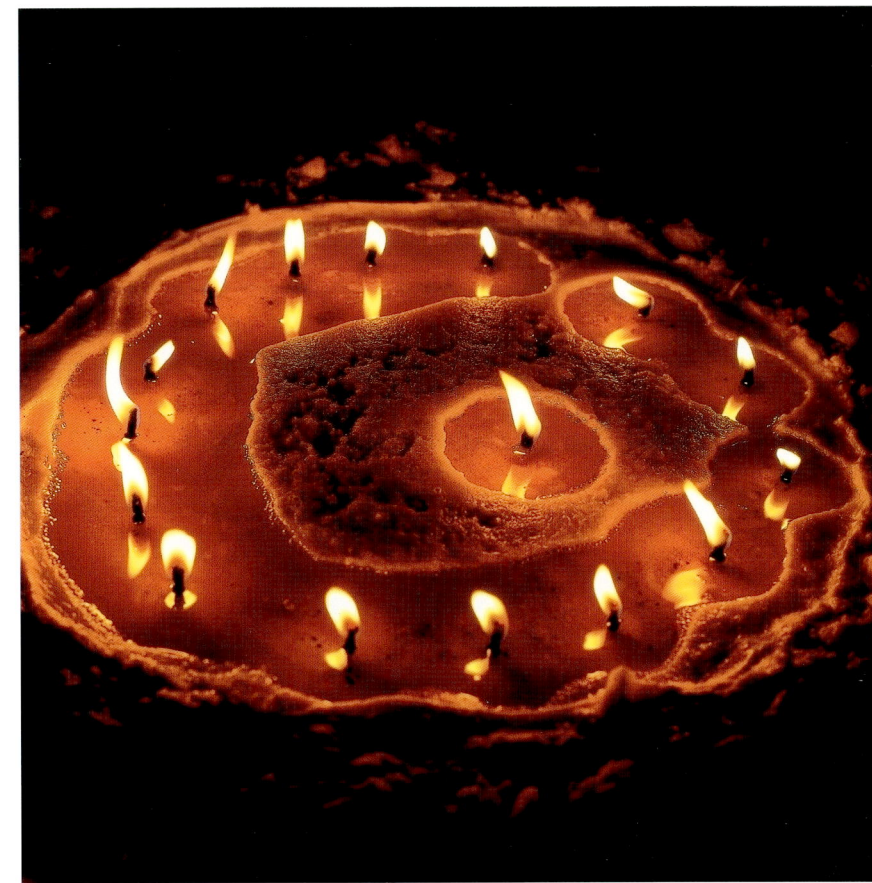

Butterlampen brennen und rußen überall im Potala-Palast
genau wie in allen anderen Sakralbauten Tibets.

Der Potala – auch ein Symbol weltlicher und geistlicher Macht –
gehört zu den eindrucksvollsten Bauwerken der Erde. Er wurde in
fast fünfzigjähriger Bauzeit im 17. Jahrhundert unter dem 5. Dalai Lama
errichtet und beherbergt etwa 1000 Räume in 13 Stockwerken.
Heute gehört der Potala zum Weltkulturerbe der UNESCO.

Der Norbulingka – Edelsteingarten – war der Sommerpalast des Dalai Lama, aus dem er 1959 nach Indien geflohen ist. Interessant sind bis heute die Privatgemächer des Gottkönigs. In seinem Schlafzimmer – mit einem sehr kurzen Bett – hängen besonders schöne Thangkas. Im Zentrum dieses Rollenbildes sitzt ein Lama, über und unter ihm sind in hierarchischer Ordnung Gottheiten des buddhistischen Pantheons zu sehen.

Der Jokhang – das „Haus des Herrn" – ist der wichtigste Tempel Tibets und wird bis heute von tausenden Pilgern aus dem weiten Land besucht. Über dem Haupteingang, den ich hier um Mitternacht fotografiert habe, befindet sich das vergoldete Rad der Lehre (Dharma-Rad) mit zwei Gazellen, die Buddhas Predigt im Gazellenhain von Benares hören.

In Lhasa gibt es inzwischen viele gute und sehr gute Hotels, auch in tibetischem Stil – zum Teil mitten in der Altstadt. Hier ist es das Sham-Bala-Hotel, nur einen Steinwurf vom Jokhang-Tempel entfernt.

Der Jobo-Buddha, Mittelpunkt der Verehrung im Jokhang und in ganz Tibet, ist –
im Gegensatz zu üblichen Buddha-Darstellungen – prächtig geschmückt; mit kostbaren
Juwelen, Korallen, Türkisen, Muscheln und Gzi-Steinen. Die Verehrung des Jobo ist
so groß, dass viele Pilger sich gar nicht trauen, dem Buddha offen ins Gesicht zu schauen,
obwohl sie geduldig und stundenlang dieser Begegnung entgegengefiebert haben.

Shigatse, die zweitgrößte Stadt in Tibet, ist seit der Zeit des 5. Dalai Lama Sitz des Panchen Lama, der zweitwichtigsten Inkarnationslinie. Traditionell beteiligt sich der Panchen Lama nach dem Tod eines Dalai Lama auch an der Suche nach dessen nächster Inkarnation. Der Panchen Lama residierte in Shigatse im Kloster Tashilhunpo, das von Tsongkapas Schüler Gendun Dub 1447 gegründet wurde.

In diesem Raum eines bescheidenen Bauernhauses in dem kleinen Dorf Taktser (Amdo) wurde der 14. Dalai Lama am 6. Juli 1935 geboren. In der Mitte steht eine große Gebetstrommel, an der Wand ein kleiner Hausaltar. Im Raum hängen wunderschöne Thangkas. Für Besucher aus westlichen Ländern ist es heute fast unmöglich, nach Taktser und zum Geburtshaus des Dalai Lama zu gelangen und dort zu fotografieren.

„Gyodar" werden solche zelt- oder stupaförmigen Anordnungen von Gebetsfahnen
genannt, die für Osttibet typisch sind. Dieser farbenprächtige Gyodar steht
in Huashixia, 4150 Meter hoch, im Westen des heiligen Berges Amnye Machen.

Die Klosterstadt Labrang gehört mit ihren goldenen und grünen
Dächern, mit Brokat- und Seidendekorationen, mit dem Rad der Lehre,
mit engen Gassen und weiten Plätzen zu den schönsten in ganz
Tibet – und wird doch nur selten von Fremden besucht, weil Labrang
für den normalen Tibettourismus zu sehr abseits liegt.

Dieses Bild mit Mönchen und Novizen signalisiert eine heile Welt in Kumbum – nur weiß heute niemand so genau, wer wirklich Mönch ist und wer als chinesischer Spitzel im Kloster arbeitet. Bei meinen fotografischen Arbeiten in Labrang, Kumbum und anderen Klöstern wurde ich oft gefilmt. Kein Tibeter oder Chinese konnte oder wollte mir sagen, von wem und für wen? Deshalb habe ich immer tapfer in die fremde Kamera gelächelt.

Der Kumbum-Tschörten in Gyantse aus dem 15. Jahrhundert gehört zu den schönsten Bauwerken in Tibet. Das bezieht sich auch auf die äußeren Wandmalereien: friedfertige und schreckliche Gestalten und Wesen drängen sich dort in die Seele des Besuchers.

Blick über die Klosterstadt Kumbum, in der heute wieder über 3000 Mönche studieren. Kumbum liegt am nordöstlichen Ende Tibets im Grenzgebiet und ist schon deshalb durch verschiedene architektonische Elemente chinesisch beeinflusst.

Als enge und verwinkelte Gasse windet sich der steile Weg hinauf nach Shegar Dzong, dem „weißen Kristall-Schloss". Zwei Mönche aus dem im 13. Jahrhundert gegründeten Kloster kommen uns zur freundlichen Begrüßung entgegen. Solche Szenen und Begegnungen erinnern uns an das alte Tibet.

Es gibt flache Hochtäler, die zur Landwirtschaft genutzt werden. In so einem Tal liegt dieses Dorf dicht bei Shegar, das noch altes Bilderbuchtibet verbreitet, weil da weder Kasernen und Plattenbauten stehen. Mehr als zwei Drittel der tibetischen Landwirtschaftsgebiete liegen über der Baumgrenze.

Gu Go liegt 4000 Meter hoch in den kahlen Vorbergen des Mount Everest und ist ein typisches
Dorf in der Übergangszone zwischen landwirtschaftlichem Kulturland und den Hochebenen der Nomaden.

Kailash – der heilige Berg

„Auf Erden gibt es keinen schöneren
Ring als den, welcher den Namen Manasarovar,
Kailash und Gurla Mandata trägt; der See ist
ein Türkis zwischen zwei Diamanten."

Sven Hedin

Kailash – der heilige Berg

Wer diesen Berg sieht, dessen Sünden werden ausgelöscht wie der Tau in der Morgensonne, glauben die vielen Pilger am Kailash.

Was Rom für die Katholiken, Jerusalem für die Juden und Mekka für die Moslems bedeuten, das ist der heilige Berg Kailash für Hindus, Buddhisten und auch für die Anhänger der alten Bön-Religion. Für Hindus ist der Kailash Wohnsitz ihres Gottes Shiwa, die Buddhisten sehen in dem Berg den Mittelpunkt der Welt, die Achse zwischen Himmel und Erde, und die Anhänger des Bön-Glaubens haben erkannt, dass am Kailash die vier wichtigsten lebensspendenden Flüsse Asiens entspringen: der Ganges, Indus, Sutlej und der Brahmaputra.

Für westliche Menschen sind Berge wie der Mount Everest, Nanga Parbat und K2 interessant, anziehend und faszinierend, weil sie für sensationelle Schlagzeilen in der Weltpresse sorgen. Die Medien haben uns diese höchsten Weltberge sehr nahe gebracht und ebenso ihre Helden, die mit und ohne künstlichen Sauerstoff auf die höchsten und gefährlichsten Gipfel stiegen und dabei qualvoll starben oder auch überlebten.

Hinter dem Manasarovar-See, dem „See des Lichts", leuchtet der Berg Kailash.

Ganz anders verhält es sich mit dem heiligen Berg Kailash in Westtibet. Er gehört nicht zu den berühmten Achttausendern, ist „nur" 6638 Meter hoch und wurde bis heute von keinem Alpinisten bestiegen – aus Respekt vor den gläubigen Hindus und Buddhisten. Auch ohne eine dramatische Expeditionsgeschichte wurde dieser Berg berühmter als die ganz hohen und gefährlichen. Ich bin sogar davon überzeugt, dass mehr Menschen auf der Welt den Namen Kailash kennen als den Namen Mount Everest.

Der Kailash ist der heiligste Berg der Welt, und lange bevor Begriffe wie Alpinisten, Expeditionen oder Gipfelsieg geprägt, ausgesprochen und gedruckt wurden, pilgerten gläubige Menschen zu tausenden durch fieberfeuchte Dschungel, über den eisigen Himalaya und Transhimalaya, durch endlose Hochgebirgswüsten und über windgepeitschte Plateaus zu jenem Berg, der all diesen Menschen Seelenfrieden, Glück und Erleuchtung schenkte.

Dass unzählige Pilger auf dem harten und gefahrvollen Weg zum Kailash von Räubern geplündert und erschlagen wurden, andere an den Strapazen des Weges und durch die Unbilden des Wetters und der Höhe starben, ändert nichts an der Tatsache, dass die Anhänger der vorbuddhistischen Bön-Religion, die Buddhisten und auch die Hindus nur einen Wunsch im Leben verwirklichen wollten: Die Pilgerreise zum heiligen Berg Kailash und zu den heiligen Seen Manasarovar und Rakastal und die Parikrama (tibetisch Kora). Dabei handelt es sich um eine heilige Umrundung. Die Parikrama am Kailash ist 53 Kilometer lang und dauert 2 bis 3 Tage.

Welche Religion und welcher Glaube ist nun richtig und für die Pilger verbindlich? Diese Grundsatzfrage vieler Philosophen wird vom Dalai Lama einfach und sehr tolerant beantwortet. Er sagt, dass viele ganz unterschiedliche Religionen auf der Welt notwendig und nützlich sind. Dabei geht es weniger um die äußere Form, um Tempel, Klöster und Organisationen, sondern allein um innere Werte. Jede Religion legitimiert sich, wenn sie dem gläubigen Menschen zu mehr Glück und innerem Frieden verhilft.

Für den Einzelnen ist demnach seine Religion immer dann sinnvoll, wenn sie ihm zu mehr Freiheit, zu mehr Würde und zu mehr Humanität verhilft. Gelangt ein Christ durch seinen Glauben zu innerem Frieden, zu mehr innerer und äußerer Freiheit und zu mehr Hilfsbereitschaft anderen gegenüber, dann ist das Christentum für diesen Menschen richtig. Gleiches gilt für den Hindu und auch für den Buddhisten. Diese Grundgedanken des Dalai Lama finden wir an keinem anderen Ort der Welt so lebensnah, so ehrlich und so tolerant verwirklicht wie am Mount Kailash, zu dem Gläubige aus ganz unterschiedlichen Motiven pilgern.

Zum Kailash pilgern Buddhisten, Hindus und auch Anhänger der alten
Glaubensrichtung Bön. Hier sind es buddhistische Tibeter, die sich in Ehrfurcht –
oft stehen bleibend und schauend – dem heiligen Berg nähern.

Der Manasarovar-See wird von zwei wunderschönen Eispyramiden eingerahmt: im
Norden vom Kailash und im Süden vom 7694 Meter hohen Gurla Mandata. Der österreichische Forscher und Bergsteiger Herbert Tichy hat bereits 1935 versucht, diesen Berg
zu besteigen. Schlecht ausgerüstet musste er in 7200 Meter Höhe aufgeben. Die
Erstbesteigung erfolgte 1985 durch eine japanisch-chinesische Expedition. Heute werden
kommerzielle Touren zum Gipfel angeboten, beispielsweise durch den Schweizer
Bergführer Diego Wellig, der die Zweitbesteigung des Gurla Mandata durchgeführt hat.

Ein Pilger verneigt sich in Ehrfurcht vor dem Kailash – und setzt seine
Parikrama als Niederwerfer um den heiligen Manasarovar-See fort.
Die physische Leistung dabei ist für uns unvorstellbar, denn der See liegt
4500 Meter hoch und die Umrundung ist 80 Kilometer lang.

Das winzige Dorf Darchen in 4670 Meter Höhe ist Ausgangspunkt zur Parikrama um
den Kailash, und dort sind diese vier Bilder entstanden. Von Pilgern, die alle glücklich sind,
endlich angekommen zu sein. Nach einigen Ruhetagen werden sie aufbrechen
und den heiligen Berg im Uhrzeigersinn umwandern, meistens ohne Zelt und ohne
Schlafsack. Und an den Füßen tragen sie oft nur billige chinesische Turnschuhe.

97

Am ersten Tag der Parikrama erreichen wir nach 6 bis 7 Wegstunden dieses weiße Baumwollzelt. Das ist eine Pilgerherberge in knapp 5000 Meter Höhe.

Es gibt Matratzen am Boden und Decken und auf Wunsch auch ein warmes Abendessen. Wir schlagen unser Lager neben dieser Herberge auf.

Während wir mühsam weiter steigen und bei jedem Schritt mit der immer dünner werdenden Luft ringen, sind diese jungen Frauen fröhlich lachend unterwegs. Sie umrunden den Berg als gläubige Niederwerfer und fragen sich, warum die Europäer wohl so langsam laufen. In der Höhe sind sie uns an Kraft haushoch überlegen.

Kurz vor dem höchsten Punkt der Parikrama überholen wir zwei Pilger. Körperlänge um Körperlänge hasten sie den steilen Weg nach oben. Mit dicken Fellschürzen bekleidet recken die Männer ihre Arme stehend nach oben und schlagen die Bretthandschuhe laut klatschend zusammen. Dann gehen sie auf den Schürzen in die Knie und rutschen mit den Brettern nach vorne, bis Körper und Arme lang ausgestreckt am Boden liegen. Sie stehen auf, gehen bis zu dem Punkt, den ihre Brettspitze erreicht hat, vor und wiederholen die Tortur. Dabei murmeln sie unentwegt Gebete und Mantras. Ihre Parikrama dauert 20 bis 25 Tage. Gläubige Tibeter umrunden den Kailash immer im Uhrzeigersinn, nur die Anhänger der Bön-Religion gehen andersherum und kommen uns entgegen.

Der höchste Punkt auf der Kailash- Parikrama ist der 5660 Meter hohe Dölma-La. Dort empfängt uns ein Meer aus unzähligen Gebetsfahnen und Manisteinen – und tiefe Zufriedenheit über die eigene Leistung. Hinter den Fahnen ist nur noch blauer Himmel und keine Steigung mehr!

Ein Pilger betet vor dem
Kailash, dessen Nordseite in
der Morgensonne vor einem fast
schwarzen Himmel leuchtet –
wegen der Höhe. Die vier
gleichmäßig geformten Seiten
des Kailash bestehen in der
tibetischen Mythologie aus
Gold (Norden), Silber (Osten),
Lapislazuli (Süden) und
Rubin (Westen). So wird der
heilige Berg zum Zentrum des
größten Mandalas in Tibet.

Die Höhenangaben von Darchen,
Dölma-La und Kailash basieren
auf Angaben der Kailash-Trekkingkarte:
Karto-Atelier Arne Rohweder
CH-8127 Forch-Switzerland.

Tsaparang –
Tibets geheimnisvolle Ruine

„Die Macht war vergangen, während die
Schönheit noch über den Ruinen schwebte
und in den Kunstwerken verharrte,
die in Geduld und Demut im Schatten der
einstigen Macht geschaffen worden waren."

Lama Anargarika Govinda

Tsaparang – Tibets geheimnisvolle Ruine

Was für ein historischer Ort! Hier fand im Jahr 1076 das große buddhistische Konzil statt, auf dem indische und tibetische Gelehrte eine Erneuerung des tibetischen Buddhismus initiierten. Hier lebte auf Einladung des Königs von Guge Atisha (982 bis 1054), seinerzeit der bedeutendste buddhistische Gelehrte Indiens. Sein tibetischer Schüler Domtön gründete die tibetisch-buddhistische streng zölibatäre Kadampa-Schule. Tsaparang war Mittelpunkt einer geistigen Welt, zu der berühmte und verehrte Gelehrte, Schriftsteller und Künstler gehörten.

Vom 10. Jahrhundert an gab es im Westen Tibets zwei unabhängige Königreiche: Ladakh (bis 1842) und Guge (bis 1630). Tsaparang war die Hauptstadt des ehemaligen blühenden Königreichs Guge. Aber das Wasser ging zurück, die Erosion wurde stärker und besiegte bald alles Leben in diesem Königreich. Die Menschen zogen fort und ließen ihre Städte und Klöster allein zurück. Wie aus dem nackten Fels gehauen klebt Tsaparang hoch über uns an den steilen Berghängen. Das ehemals fruchtbare Sutlej-Tal war viel zu kostbar, um in ihm Häuser zu bauen. Deshalb sind die Menschen auf die Felsen ausgewichen.

Tsaparang galt lange Zeit als vergessen, unzugänglich (von der chinesischen Regierung bis 1985 hermetisch abgeschirmt) und sehr geheimnisvoll.

Als wir 1986 nach strapaziöser Anfahrt Tsaparang erreichten, war mir bewußt, dass ich diese entlegene Klosteranlage als erster Farbfotograf aus dem Westen betrete. Unsere chinesischen Fahrer trugen damals – Gott sei Dank – so dünne Militärjacken, dass sie ihre warmen Geländeautos gar nicht verließen und uns „Touristen" alleine und ohne Aufpasser in das eiskalte Kloster schickten. Diesem Umstand verdanke ich meine Bilder.

Wir wissen von Sven Hedin und vor allem von Lama Govinda, dass sich in Tsaparang großartige Schätze tibetischer Kunst befinden; Bronzen und vor allem Wandmalereien, die zu den allerschönsten in ganz Tibet gehören. Kaum ein Ort in Tibet ist so entlegen wie Tsaparang, und nur wenige Fremde sind je hierhergekommen. Vor der chinesischen Invasion waren es Sven Hedin, der italienische Tibetforscher Giuseppe Tucci, Lama Govinda, Peter Aufschnaiter und Heinrich Harrer und vielleicht ein Dutzend weiterer Forscher, Pilger und Missionare. Nach 1950 waren es noch weniger Fremde,

die diesen Ort besuchen konnten, und ich nehme für mich in Anspruch, die ersten Farbaufnahmen – trotz chinesischer Fotoverbote – in den Westen gebracht zu haben.

Im 10. und 11. Jahrhundert lagen hier die geistigen Zentren der buddhistischen Welt. Aber durch die Abgeschiedenheit drang nur wenig Information in die Außenwelt. Giuseppe Tucci konnte Anfang der dreißiger Jahre die ersten Schwarz-Weiß-Bilder von den Kunstschätzen Tsaparangs aufnehmen und später publizieren. Govinda und seiner Frau Li Gotami gelang es dann im Herbst 1948 unter großen Schwierigkeiten, die wichtigsten Wandbilder zu kopieren:

„Um unsere erstarrten Hände wieder aufzutauen, legten wir sie an die eisernen Beschläge der Tempeltüren, welche die Sonnenwärme in wunderbarer Weise absorbierten und verstärkten. Li musste die Flasche mit der chinesischen Tusche im Inneren ihres Gewandes durch Körperwärme am Erfrieren hindern, und alle paar Augenblicke musste sie den Pinsel mit ihrem Atem auftauen, da die Tusche nach wenigen Strichen zu erstarren begann. Dies war besonders unerfreulich während der letzten Tage unseres Aufenthaltes in Tsaparang und ich erinnere mich, dass einmal, als sie in Tränen ausbrach, im Kampf mit dieser extremen Kälte, ihre Tränen zu Eis erstarrten, ehe sie den Boden erreichten und dort als kleine Eiskügelchen abprallten."

Tsaparang besteht aus einem unübersichtlichen Labyrinth von übereinanderliegenden Klosterruinen mitten in der wilden Felslandschaft des Sutlej-Tals und ist seit Jahrhunderten von seinen Bewohnern verlassen.

Die geschnitzte Eingangstür zum Roten Tempel zeigt in der Türfüllung Silben aus dem Mantra OM MANI PADME HUM.

Der tibetische Reformator Tsongkhapa mit seinen beiden Schülern als Fresko an der Rückwand im Gelehrten Tempel wurde mit goldener Farbe großartig ausgemalt.

Die fast 5 Meter hohen Schutzgötter Hayagriva (l) und Vajrapani (r) stehen als Wächter neben der Tür im Weißen Tempel. Beide Figuren wurden von den Chinesen mutwillig zerstört und ihre Leiber nach Gold durchsucht.

Die beiden besterhaltenen von sechs lebensgroßen Statuen des Buddha
Vairocana im Weißen Tempel. Die insgesamt sechs Figuren bilden zusammen
einen Vairocana-Zyklus des Buddhas mit den vier Gesichtern.

Das Bild zeigt die achtarmige Schutzgöttin Pratisara in der Eingangswand des Roten Tempels.

Weniger zerstört gegenüber den Statuen sind die schönen Wandmalereien. Der Yidam Guhyasamaja-Manjuvajra im Tempel der Schutzgötter. Spiegelgleich halten die Partner während der Umarmung Pfeil und Bogen sowie Lotosblume und Schwert in ihren Händen – als Symbol der Harmonie.

Plötzlich ist der weite Horizont verschwunden, die Formen, Farben und Gebilde erinnern an den Grand Canyon, an Bryce und Monument Valley. Diese Landschaft bei Tsaparang – weit im Westen – vermittelt uns ein ganz neues Tibetbild. In Jahrmillionen ist sie durch Erosion entstanden, hervorgerufen durch die ungeheuren Temperaturunterschiede zwischen Tag und Nacht, zwischen Sommer und Winter.

Der vergessene Völkermord

Franz Alt

Die Kaiser von Tibet und China unterschrieben im Jahr 822 n. Chr. einen Friedensvertrag: *„Tibet und China werden sich an die Grenzen halten, die sie jetzt innehaben. Alles im Osten ist das Land von Großchina, und alles im Westen ist, ohne jede Frage, das Land von Großtibet. Fortan wird keine Seite Krieg führen oder sich Gebiete aneignen ...*

Es soll keine plötzlichen Angriffe geben und das Wort ,Feind' niemandem über die Lippen kommen. Alle sollen in Frieden leben und gemeinsam 10.000 Jahre vom Glück gesegnet sein."

Jeder intellektuelle Chinese wird heute verlegen, wenn man ihn auf diesen Vertrag anspricht, von dem sich Abschriften auf Obelisken vor dem Kaiserpalast in Peking und am Jokhang-Tempel in Lhasa befinden.

Die Geschichte zwischen China und Tibet war nach dem oben zitierten Vertrag wechselhaft – aber Tibet blieb ein souveräner Staat bis 1950. 1949 rief Mao Tse-Tung die Volksrepublik China aus, Tschiang Kai-tscheck und seine Anhänger zogen sich nach Taiwan zurück. Ein Jahr später – 1950 – fielen 30.000 Soldaten der chiesischen Volksbefreiungsarmee in das kaum bewaffnete zentraltibetische Hochland ein.

„Wir sind gekommen, um euch von den ausländischen Teufeln zu befreien", behaupteten Mao Tse-tungs Truppen. Die Tibeter staunten über diese Argumentation, denn es lebten zu dieser Zeit in ganz Tibet nur sechs Ausländer, darunter die beiden österreichischen Bergstei-

ger Heinrich Harrer und Peter Aufschnaiter. Die Tibeter wussten 1950 also gar nicht, wovon sie befreit werden sollten. Doch diese „Befreiung auf chinesisch" dauert nun schon über 60 Jahre!

Nach dem Einmarsch der Chinesen in Tibet wurde dem erst 15-jährigen Dalai Lama die volle Staatsgewalt übertragen. Tibets Regierung bat die Vereinten Nationen, eine Kommission nach Tibet zu entsenden und die chinesische Aggression zu verurteilen. Doch die Feigheit selbst der indischen und englischen Regierung und der Opportunismus fast aller Regierungen der Welt gegenüber den neuen kommunistischen Machthabern in Peking führten zu einer Vertagung der Tibetfrage vor den Vereinten Nationen – neun Jahre lang.

Die Tragödie der Besetzung und des chinesischen Imperialismus auf dem Dach der Welt nahm ihren Lauf – unter Ausschluss der Weltöffentlichkeit. Der Dalai Lama hatte sofort nach Übernahme der Regierungsgewalt ein Reformprogramm für Tibet ausarbeiten lassen: Die Bauern sollten aus der alten Feudalherrschaft und Schuldknechtschaft entlassen, die Verwaltung sollte demokratisiert werden. Doch China verhinderte alle eigenständigen tibetischen Reformbestrebungen.

Es gelang dem Dalai Lama noch bis Anfang des Jahres 1959, die Tibeter von gewalttätigem Widerstand abzuhalten; dann aber brach am 10. März ein Volksaufstand los. Der Dalai Lama

musste eine Woche später vor den chinesischen Truppen fliehen, die in Lhasa und in den großen Klöstern Sera, Drepung und Ganden nach dem Volksaufstand ein Blutbad angerichtet hatten. Er floh mit etwa 70.000 Tibetern nach Nordindien. Chinesische Flugzeuge bombardierten die Flüchtlingstrecks; viele Menschen starben in Eis und Schnee. Anfangs hatten die Chinesen die Flucht des Dalai Lama gar nicht bemerkt. Sie bombardierten am 20. März 1959 seinen Sommerpalast, in dem sie ihn noch vermuteten, und legten das Gebäude in Schutt und Asche. Der Dalai Lama sollte –

> „Der Holocaust, der über Tibet kam, entlarvte das kommunistische
> China als grausamen und unmenschlichen Henker – brutaler und
> unmenschlicher als jedes andere kommunistische Regime der Welt.“
>
> *Alexander Solschenizyn*

damals knapp 24 Jahre alt – getötet werden. Er konnte fliehen, weil er ein Land kannte, das Flüchtlinge aufnahm: das arme Indien. Dort bildete er eine Exilregierung, die aber bis heute international nicht anerkannt wird. Seither wirbt der Dalai Lama auf Reisen rund um die Welt für internationale Hilfe und für die Selbstbestimmung Tibets und versucht zugleich, in einen Dialog mit Pekings Machthabern zu treten. Das lehnt China bis heute ab.

Was die Chinesen „Befreiung“ nennen, ist 60 Jahre Unterdrückung und Ausbeutung und sieht in der Praxis so aus, wie es eine junge Nonne Ende der achtziger Jahre im ZDF-Magazin „Mona Lisa“ beschrieb, nachdem sie nach Indien hatte fliehen können.

Die Nonne, die wegen ihrer Forderung „Freiheit für Tibet“ im Gefängnis gesessen hat und dort permanent vergewaltigt worden war, klagte weinend: „Man brachte mich mit Handschellen zur Polizeiwache. Dort warf man mich auf den Boden, trat mir ins Gesicht und schlug mich mit einem elektrischen Vielstachel-Stock und trat mich in die Brust. Wir mussten uns ausziehen und drei oder vier Leute prügelten uns mit den elektrischen Stachelstöcken. Sieben oder acht Männer schlugen uns – immer wieder. Wir standen nackt da und man sagte uns, wenn wir gegen den Kommunismus agieren, dann werden wir hingerichtet.“ Ein Arzt, der vor der Fernsehkamera anonym bleiben wollte, klagte: „Die Chinesen

unterdrücken das tibetische Volk. Wenn uns die Welt nicht hilft, bleibt uns wenig Hoffnung. Ich kümmere mich nicht um die Strafen. Wenn sie uns töten, hilft das der tibetischen Sache.“

Eine Frau, die ihr kleines Kind auf dem Arm hielt, sagte in die ZDF-Kamera: „Wir Tibeter fürchten die Ausrottung unseres Volkes. Kein Mittel ist der chinesischen Politik zu brutal, um die Tibeter zur Minderheit im eigenen Land zu machen. Viele tibetische Frauen werden zur Abtreibung gezwungen.“

Der Arzt, der der klagenden Mutter zugehört hatte, bestätigte: „Das stimmt, in der Vergangenheit sagten die Chinesen, dass Menschen für sie keinen großen Wert darstellen. Deshalb darf eine Familie nicht mehr als zwei Kinder haben. Wenn man mehr als zwei Kinder hat, dann muss man mit wirtschaftlichen und politischen Strafen rechnen.“

Chinas Schatten liegt schwer über Tibet. Die offizielle Pekinger Bevölkerungspolitik der Ein- oder Zwei-Kind-Ehe führt im religiösen Tibet zur staatlichen Barbarei: Zwangssterilisation, Zwangsabtreibung, ja sogar bewusste Kindertötung waren noch Anfang der neunziger Jahre Realität.

1981 war ich mit einer Touristengruppe und meiner Frau Bigi zusammen in und um Lhasa. Wir konnten auf dieser Reise mit einer Touristenkamera heimlich einen Film drehen, den die ARD und mehrere ausländische Fernseh-

stationen mehrmals ausgestrahlt haben. Da es damals – und das gilt auch heute noch – in Tibet unmöglich war, als Journalist frei zu arbeiten und da wir auch kein Tibetisch sprechen, hatten wir uns so vorbereitet: Tibeter in Deutschland hatten Fragen in Tibetisch auf ein Tonband gesprochen. Diese Fragen spielten wir Tibetern in Lhasa und Umgebung vor. Sie antworteten und wir ließen in Deutschland diese Antworten übersetzen. Wir konnten auf diese Weise etwa 50 Tibeter heimlich interviewen. So kam ein einmaliges Bild- und Tondokument über die politische Situation in Tibet zustande. Tibeter konnten erstmals unzensiert berichten, was sie unter jahrzehntelanger chinesischer Herrschaft erleiden mussten.

Ein etwa 40-jähriger Bauer sagte uns in die Kamera: „In den Dörfern gibt es Geburtenkontrollen. Die Frauen werden sterilisiert. Ich habe zwei Kinder und nun hat man meine Frau sterilisiert.“ Einige Tibeter steckten uns heimlich Zettel zu, auf denen stand: „Free Tibet“ oder „Long live the Dalai Lama“. Oder: „Der Dalai Lama soll zurückkommen“. Dutzende von Tibetern verlangten auch vor unserer Kamera, dass der Dalai Lama zurückkehren soll. „Erst dann wird es uns wieder gut gehen“, hörten wir immer wieder. Ein etwa 40-jähriger Mann sagte uns weinend: „Die Chinesen wollen uns die Seele rauben. Aber was sind schon einige Jahrzehnte Kommunismus gegenüber 1.300 Jahren Buddhismus! Religion

Der vergessene Völkermord

ist das Wichtigste in unserem Leben." Ein Freund von ihm sagte: „Sie behandeln uns schlimmer als Tiere." Als der Dalai Lama im November 1982 nach Deutschland kam, bat er mich, ihm diesen Film, von dem er gehört hatte, vorzuführen. Seither sind wir befreundet und haben uns 26-mal getroffen. 20-mal konnte ich ihn für die ARD oder für Zeitungen, Magazine oder Bücher interviewen.

In China gab und gibt es – staatlich vorgeschrieben – die Ein-Kind-Familie. Dadurch will die Kommunistische Partei das Bevölkerungswachstum bremsen.

In einigen Minderheitengebieten wie Tibet waren und sind auch zwei Kinder erlaubt. Ein tibetischer Flüchtling berichtete Jahre später als Augenzeuge in „Mona Lisa": „Ein chinesisches Ärzteteam kam nach Tschirtsuka. Es gehörte dem Geburtenkontrollteam der Präfektur Kantse an. In Tschirtsuka wurde von den Behörden daraufhin bekannt gegeben, dass nun Abtreibungen vorgenommen würden. Ich musste die erste Namensliste für schwangere Tibeterinnen aufstellen. Es waren 140! Zum ersten Mal habe ich dann alles hautnah miterlebt. Und dabei ist mir bewusst geworden, welches grauenhafte Leid ich meinen eigenen Landsleuten antue. Die Ärzte arbeiteten schneller und schneller, weil jeder täglich 20–30 Frauen operieren musste. Die Behörden schleppten mit der Zeit täglich 100, 200, ja sogar 300 Frauen auf einmal herbei. Die Tibe-

ter nennen diese Geburten-Kontroll-Stationen Schlachthöfe. Sie sehen keinen Unterschied zwischen den großen chinesischen Schlachthöfen und diesen mobilen Ärztestationen. Sie haben auch keine Möglichkeit, sich dagegen zu wehren. Ein Kind mehr als erlaubt bedeutet die Vernichtung der Existenz der ganzen Familie. Die Chinesen nehmen ihnen das Dach über dem Kopf, sämtlichen Besitz und werfen ihre Männer ins Gefängnis."

Zwei betroffene Frauen im indischen Exil ergänzten: „Manche Zwangsabtreibung erfolgte so spät, dass die Babys schon viele Haare hatten. Manchmal sahen und hörten die Frauen ihre Babys noch, bevor die Ärzte sie wegwarfen und töteten, während sie schon sterilisiert wurden. Sie wehrten sich heftig, doch sie waren völlig machtlos."

Die beiden tibetischen Mönche Ngawang Smanla und Tsewang Thonden berichteten über eine chinesische „Geburtenkontroll-Aktion" in der Nähe des Klosters Amdo:

„Den Dorfbewohnern wurde gesagt, dass alle Frauen wegen einer Abtreibung oder Sterilisation zum Zelt kommen müssten, wenn sie keine ernsten Konsequenzen befürchten wollten. Die Frauen, die freiwillig zum Zelt kamen und keinen Widerstand leisteten, bekamen medizinischen Beistand bei der Abtreibung. Die Frauen, die sich widersetzten, wurden mit Gewalt zum Zelt gebracht und operiert – sie bekamen keinerlei medizinische Unterstüt-

zung. Selbst bei Frauen, die im neunten Monat schwanger waren, wurden die Babys herausgeholt... Wir sahen viele Mädchen weinen, und wir sahen den wachsenden Berg von Föten, der außerhalb des Zeltes lag und fürchterlich stank. Alle schwangeren Frauen wurden in den zwei Wochen, in denen das Zelt dort stand, einer Abtreibung unterzogen und anschließend sterilisiert, und alle Frauen, die hätten schwanger werden können, wurden ebenfalls sterilisiert." Noch erschütternder sind die Berichte, die der amerikanische Arzt Dr. Blake Kerr während eines Aufenthalts in Tibet über das Töten neugeborener Kinder in den achtziger Jahren gesammelt hat.

Drei Frauen erzählten dem Arzt, dass Bekannte oder Verwandte ein gesundes Kind zur Welt gebracht hätten, das anschließend von einer Krankenschwester mit einer Spritze in die weichen Teile der Schädeldecke umgebracht wurde.

Der tibetische Arzt Pema berichtete im ZDF, er habe in den Achtzigern selbst 400 solcher tödlicher Injektionen an gesunden tibetischen Kindern gesehen.

Oft seien die Kinder erstickt oder solange mit kochendem Wasser überschüttet worden, bis sie tot waren.

Die chinesische Verwaltung rühmt sich, über 500 Abtreibungskliniken in Tibet errichtet zu haben. Tibeter nennen diese Krankenhäuser oft „Schlachthäuser".

Verfolgt, vergewaltigt, ermordet

Dutzende tibetische Flüchtlingsfrauen stellten sich nach ihrer Flucht aus Tibet ins indische Dharamsala dem ZDF-Magazin „Mona Lisa". Kein Journalist oder Politiker bekommt heute in Tibet Einblick in das, was diese Frauen erleiden mussten. Frau Adi war 26 Jahre in chinesischer Gefangenschaft. Sie erzählte: „Ich war in einem Ort eine der führenden Frauen, die gegen die chinesischen Besatzer waren. Wir haben versucht, unseren Protest mit Worten auszudrücken und ließen uns nichts gefallen. Meine Tochter war einige Monate alt, mein Sohn drei Jahre, als die chinesische Polizei mich fesselte und abführte. Er schrie unentwegt: ‚Die Chinesen schleppen meine Mama weg; Mama!' Sie traten ihn mit Stiefeln. Ich sah ihn nie wieder."

Eine andere Flüchtlingsfrau berichtete: „Ich war neun Jahre alt, als die Chinesen meine Eltern verhafteten und mich mitnahmen. Mein Vater war Händler. Er gehörte zu den wohlhabenden Leuten. Ich habe ihn nie wieder gesehen. Vielleicht lebt er noch in irgendeinem Gefängnis. Meine Mutter haben sie vor meinen Augen umgebracht. Sie wurde ausgezogen, zusammengeschlagen und Hunde wurden auf sie gehetzt, die sie zu Tode bissen. Ich kam dann in eine Fabrik, wo ich unter Männern schwerste Arbeit verrichten musste, ohne zu essen." Frau Adi ergänzte: „Meine Mutter war auch gegen die Chinesen. Deshalb

Der vergessene Völkermord

sollte ich sie und andere Frauen verraten. Trotz schlimmster Folter bekamen sie nichts aus mir heraus. Eines Tages sollte ich meinen Schwager identifizieren. Sie ließen uns mit gefesselten Händen und einander zugekehrten Gesichtern gegenseitig anschauen. Dann haben sie zwei Schüsse auf den Hinterkopf meines Schwagers abgefeuert. Er brach sofort tot zusammen. Überall war Blut. Ich schrie: „Tötet mich auch, tötet mich!" Sie antworteten: „Dich lassen wir am Leben, damit Du leidest."
„Als wir ins Konzentrationslager von Darzedo kamen, waren dort 300 Frauen, uralte mit grauen Haaren, einige in meinem jetzigen Alter und andere sehr junge. Alle sahen sehr verhungert aus. Ja, 300 Frauen! Die chinesischen Aufseher musterten uns von oben bis unten. Ich war noch jung, gerade 25! Vier Frauen, mich eingeschlossen, pickten sie heraus, um Schweine zu hüten. Damit waren wir von den anderen getrennt und wurden regelmäßig vergewaltigt. Wenn wir es nicht über uns ergehen ließen, schlugen sie uns halb tot und entzogen uns das Essen."
Zwei männliche Zeugen aus der Provinz Amdo berichteten im ZDF: „Sie schnitten den Gefangenen die Kehle durch oder die Hoden ab. Solche Kastrationen führten zu einem schlimmen Tod. Es gab viele solche Gewalttaten. Ich glaubte nicht, dass man Menschen so behandeln könnte. Es war die Hölle auf Erden. Ich wachte am Morgen auf und stellte fest,

dass in der Nacht 12 Menschen gestorben waren. Die Chinesen gruben riesige Gräben: zwei große Gräben, die mit Körpern angefüllt wurden, bis sie überquollen. Dann schüttete man eine dünne Schicht Erde darauf. Und wir mussten über die Körper laufen. Überall sah man Arme, Beine, Köpfe, die an allen Ecken herauskamen. Man wollte nicht hinschauen, aber die Augen wurden trotz des Horrors magisch angezogen. Man wagte nicht zu zweien oder allein hinter diese Gräben zu gehen. All dies ist keine Erfindung, sondern Wahrheit. Viele Leute ertränkten sich damals. Das tibetische Volk wurde von den Chinesen so lange wie Vieh behandelt, bis jeder sich fürchtete seine wirkliche Meinung zu äußern. Überall gibt es heute chinesische Spione: unter den Mönchen, unter dem Volk, unter den Angestellten, ja, an jeder Straßenecke."

Palden Gyatso im chinesischen Gulag

Weltbekannt wurde die Geschichte des tibetischen Mönchs Palden Gyatso. Er berichtete 1998 vor der UNO-Menschenrechtskommission in Genf. Der Mönch war 33 Jahre seines Lebens in chinesischen Gefängnissen und Arbeitslagern, weil er es gewagt hatte, für Tibets Unabhängigkeit zu demonstrieren. 1992 kam er frei und flüchtete über Nepal nach Indien. Vor dem UNO-Ausschuss erzähl-

te er mit ruhigen Worten seine Geschichte: „Im Gefängnis waren wir grausamen Behandlungen verschiedenster Art ausgesetzt. Im Winter wurden wir draußen aufgehängt und mit kaltem Wasser überschüttet. An heißen Sommertagen trat an die Stelle von kaltem Wasser ein Feuer, das unter den hängenden Gefangenen angezündet wurde. Zu anderen, in dieser Position vorgenommenen Formen der Misshandlung gehörten Schläge mit Ledergürteln sowie mit elektrischen Viehtreibstöcken oder mit Eisenstangen. Außerdem wurden wir an den Füßen mit Eisenschellen gefesselt, die Hände und Daumen wurden mit sich automatisch zusammenziehenden Handschellen und Daumenspangen gefesselt. Die scharfen Ränder der Handschellen führten dazu, dass mehrere Häftlinge ihre Hände durch den scharfen Einschnitt verloren. Ich habe an meinen Handgelenken immer noch viele von diesen scharfen Instrumenten verursachte Narben."

Palden Gyatso war der erste tibetische Gefangene, der vor dem UN-Menschenrechtsausschuss berichten konnte.

Zum Anwalt Tibets werden!

In meinen 26 Begegnungen mit dem Dalai Lama seit 1982 habe ich ihn immer wieder nach der Menschenrechtssituation in Tibet gefragt. Da bei ihm in seinem Exil-Ort Dharamsala in Nordindien immer wieder Flüchtlinge aus Tibet ankommen und ihn über die Situation in ihrer Heimat informieren, weiß der Dalai Lama immer gut Bescheid über die Lage in seiner Heimat.

Noch heute führt China auf dem Dach der Welt Krieg gegen das tibetische Volk, ist verantwortlich für eine grauenhafte Kulturbarbarei und für die zur Zeit aggressivste Siedlungspolitik auf unserem Planeten. 2006 wurde der tibetischen Exilregierung ein chinesisches Dokument bekannt, wonach in den nächsten Jahrzehnten in Tibet bis zu 20 Millionen

Chinesen angesiedelt werden sollten. In den alten Grenzen Tibets leben heute etwa sechs Millionen Tibeter. In dieser Situation sollte sich die deutsche Außenpolitik zum Anwalt des unterdrückten tibetischen Volkes machen und bei der chinesischen Regierung um einen erneuten Dialog mit der tibetischen Exilregierung und dem Dalai Lama werben. Sechs Verhandlungsrunden zwischen den Vertretern des Dalai Lama und chinesischen Regierungsvertretern brachten allerdings bisher kein Ergebnis.

Der Repräsentant des Dalai Lama in Europa, Kelsang Gyaltsen, der mehrmals an den Gesprächen teilnahm, sagte mir: „Die chinesische Seite behauptet einfach, dass es kein Tibet-Problem gäbe."

Es kann ja sein, dass sich der Dalai Lama in seinem grenzenlosen Optimismus über die baldige Freiheit Tibets täuscht. Er selbst weiß auch, dass er der letzte Dalai Lama sein kann. Danach gefragt, antwortet er ganz ruhig: „Schon möglich – wenn es das tibetische Volk so bestimmt. Wenn die Tibeter das Gefühl haben werden, die Institution des Dalai Lama sei überflüssig geworden, dann bin ich der letzte Dalai Lama gewesen. Dauert die augenblickliche Situation Tibets noch ein paar Jahre, dann verschwindet auch Tibet."

Ebenso kann in einem kommunistischen Tibet die strahlende Kraft des tibetischen Buddhismus verblassen, während sie im Westen wei-

terhin zunimmt, wie schon in den letzten Jahren. Der Dalai Lama will jedoch nicht, das vom Christentum sich abwendende Intellektuelle im Westen massenhaft Buddhisten werden. Er will keine Proselyten. Seine Botschaft ist eine ganz andere: Identität stärken, und nicht die Religion wechseln wie ein Hemd. „Helft uns, Tibet zu retten, dann kann Tibet der Menschheit helfen."

Freiheit ist Glück

Pekings offizielle Position, das Einfordern der allgemeinen Menschenrechte in Tibet sei eine „Einmischung in die inneren Angelegenheiten Chinas", ist doppelt lächerlich und unhaltbar. Zum einen war Tibet bis 1950 ein selbständiger und unabhängiger Staat und zum anderen hat auch China die Menschenrechtsdeklaration der Vereinten Nationen unterschrieben, die Folter, Gewalt und Angriffe auf die Religionsfreiheit verbietet. Menschenrechte sind gerade nicht, wie Peking immer wieder behauptet, eine typisch westliche Angelegenheit, sie sind selbstverständlich universal. Diese Universalität hat Peking selbst mitbewirkt, indem es jahrzehntelang in den Vereinten Nationen als Anwalt der „Dritten Welt" für das Selbstbestimmungsrecht der Völker und gegen Imperialismus und Kolonialismus kämpfte. Unabhängig von der Hautfarbe, Kultur und Religion hat kein Mensch auf diesem Planeten Freude

Der vergessene Völkermord

an Folter, Vergewaltigung, Zwangsabtreibung, politischer und religiöser Repression oder Unfreiheit. Der Dalai Lama sagt dazu, was jeder Mensch empfindet: „Im Buddhismus geht man davon aus, dass allen fühlenden Wesen – an erster Stelle der Gattung Mensch – der spontane Wunsch angeboren ist, Glück zu erfahren und vom Leid frei zu sein. Nicht nur der Wunsch ist angeboren, von Leiden frei zu sein und Glück zu erfahren, vielmehr verfügt der Mensch auch über die Fähigkeit, Leiden zu beseitigen und Glück zu erlangen – Glück heißt Freiheit. Wenn die chinesischen Kommunisten heute unfähig sind, diese Gedanken zu akzeptieren, nur weil sie in den heiligen Schriften des Buddhismus oder in der Bergpredigt des Jesus von Nazareth stehen, dann könnten sie beim jungen Karl Marx nachlesen. Auch für ihn bedeutete Freiheit und das Recht auf Glück eines jeden Menschen sehr viel. Was China in Tibet heute praktiziert, ist schlicht Ausbeutung, primitiver Rassismus und politische Kriminalität. Der Dalai Lama, bemüht um Ausgleich des tief greifenden Konflikts zwischen China und Tibet, wiederum ganz pragmatisch und nicht verurteilend: „Widersprüche und Konflikte sollen wir durch Argumente und mit klarem Verstand lösen. Wenn man aber Verstand und Intelligenz nicht benutzt, um Konflikte und Widersprüche zu lösen, sondern zur Gewalt greift, so läuft diese Strategie der menschlichen Natur zuwider. Mit Argumenten, Vergebung,

Geduld und Beharrlichkeit können wir Konflikte lösen. Dies gilt sowohl für Konflikte in uns wie auch für Konflikte zwischen Gruppen von Menschen und Nationen. Es ist natürlich, dass Konflikte und Widersprüche auftreten. Sie sollen aber auf gewaltfreiem Weg gelöst werden." Der Dalai Lama hofft auf die vorsichtige Demokratiebewegung in China, mit deren Vertretern er in einem intensiven Dialog steht. Mit dieser Sicht ist er entschieden realistischer als jene Politiker bei uns, welche die alte kommunistische Regierung umschmeicheln und die Demokratiebewegung missachten. Die Studien der Internationalen Juristenkommission im Auftrag der Vereinten Nationen, des US-Kongresses und des Deutschen Bundestags bezeugten Tibets völkerrechtliche Souveränität und Unabhängigkeit zur Zeit der chinesischen Invasion im Jahre 1950. Während der Tibet-Debatte der Vereinten Nationen sagte der irische Abgeordnete Frank Aitken: „Während Tausenden von Jahren war Tibet ebenso frei und kontrollierte seine Angelegenheiten wie heute jede andere Nation in dieser Versammlung. Tibet war aber tausendmal freier, seine Angelegenheiten selbst zu regeln, als viele der hier versammelten Nationen in der Vergangenheit."
Tibet hatte bis 1950 alle Merkmale eines souveränen Staates: ethnische Identität, kulturelle Einheitlichkeit, sprachliche Homogenität und das Bewusstsein, ein eigenständiges Volk zu

sein. 95 Prozent der Tibeter empfinden bis heute so. Zudem sind der tibetische Buddhismus und der Dalai Lama Tibet-spezielle Merkmale von Souveränität. Nirgendwo habe ich eine so spezielle Identifikation mit einer politischen und religiösen Symbolfigur erlebt wie in Tibet.
Vom Dalai Lama kann man lernen, dass Langmut und Freundlichkeit Zwillingsschwestern von Konsequenz und Entschlossenheit sind. Nur die Wahrheit wird zur Freiheit führen. Wer um die Wahrheit kämpft, muss stets darauf achten, dass die Mittel zum Erreichen

> Nicht trauern sollst du, Volk von Tibet, die Unabhängigkeit wird unser sein.
> Gedenke unserer Sonne, gedenke seiner Heiligkeit!
>
> *Lied des tibetischen Widerstandes*

der Wahrheit auch diesem Ziel entsprechen. Gewaltfreiheit kennt keine Nebenwirkungen.

Tibets Zukunft

Tibets Weg der Gewaltfreiheit ist nicht nur für Tibets Freiheit und Frieden so wichtig, sondern weit darüber hinaus für Frieden und Freiheit in der ganzen Welt. Die Zukunft Tibets wird ein Modell für eine bessere Welt. Grundlage hierfür kann der Friedensplan sein, den der Dalai Lama mit seinen „Fünf Grundelementen" vorgelegt hat:

1. Die Umwandlung ganz Tibets von einem chinesischen Waffenlager in eine entmilitarisierte Friedenszone;
2. keine weiteren Umsiedlungen von China nach Tibet;
3. Respekt gegenüber den fundamentalen Menschenrechten und gegenüber den demokratischen Freiheiten des tibetischen Volkes;
4. Schutz der natürlichen Umwelt Tibets, keine weitere Ausbeutung, keine Atomwaffen und keine radioaktiven Abfälle in Tibet;
5. Verhandlungen über Tibets Zukunft.

Eine entmilitarisierte Friedenszone „Tibet" würde sowohl Indien wie auch China große Abrüstungsschritte erleichtern und viel Geld für Friedens- und Entwicklungsprojekte freisetzen. Hier besteht die einmalige Chance, in einer riesigen Region Mahatma Gandhis

„Ahimsha", die Lehre von der Gewaltfreiheit, zu realisieren.

Im Gegensatz zu vielen Tibetern plädiert der Dalai Lama heute eher für eine Assoziierung Tibets mit China als für eine völlige Souveränität. Wahrscheinlich werden in Zukunft immer mehr Tibeter aufhören, auf die volle internationale Unabhängigkeit zu pochen, aber sie werden niemals aufhören, sich gegen Unterdrückung, Gewalt und Unfreiheit aufzulehnen und ihr Recht auf interne Autonomie zu fordern. Diesen „Dritten Weg" weist der Dalai Lama als Weg des Ausgleichs und Friedens für Tibet und China. Auch immer mehr junge Chinesen sehen im Dalai Lama einen Freiheitskämpfer, einen, der für Demokratie, Kultur und Spiritualität kämpft. Dieser Weg der Gewaltlosigkeit ist der neue Weg in eine gute Zukunft. Solange der Dalai Lama Verantwortung trägt, gibt es keine Alternative zur Gewaltfreiheit. Sein Friedensplan ist mehr als nur ein Vorschlag für ein neues Verhältnis Chinas zu Tibet. Die Schaffung einer Friedenszone „Tibet" würde es Indien erlauben, seine Truppen aus den an Tibet grenzenden Gebieten abzuziehen. Die bevölkerungsreichsten Staaten unseres Planeten, China und Indien, hätten bei militärischer Entspannung viel Geld frei für die wirtschaftliche, ökologische und wissenschaftliche Entwicklung ihrer Länder. Wenn auf dem Dach der Welt, im Schneeland unseres Planeten, der Frieden ohne Waffen

und Soldaten dauerhaft gesichert ist, bedeutet diese politische Entwicklung mehr Frieden und Sicherheit auf der ganzen Welt und eine größere Entwicklungschance für alles Leben. Aus den bisherigen Zonen des Todes könnten beispielhafte Regionen des Lebens werden. Der Dalai Lama über seine Zukunftsvision: „Würde dieser Vorschlag durchgeführt werden, könnte Tibet seine historische Rolle als neutraler Pufferstaat zwischen den Großmächten des asiatischen Kontinents wieder einnehmen." Tibet hätte im 21. Jahrhundert die wichtige Funktion einer Brücke des Friedens zwischen den beiden Milliardenvölkern Indien und China. Die gesamte tibetische Hochebene könnte zum größten Naturschutzpark unserer Erde werden. Davon träumt der Dalai Lama und fügt im Gespräch lachend hinzu: „Wenn ich wählen müsste, dann würde ich einer Umweltpartei meine Stimme geben." Organisationen, die im buddhistischen Sinne für die Förderung des Friedens und für den Schutz aller Formen des Lebens arbeiten, sollen nach dem Willen des Dalai Lama in Tibet „ein gastfreundliches Zuhause finden", christlich gesprochen heißt das: Unser Planet hätte eine Werkstatt, in der konkret und beispielhaft an der „Bewahrung der Schöpfung" gearbeitet werden könnte.

Jeder Menschenrechtsbericht von Amnesty International bestätigt dies erneut: Die Menschenrechtsverletzungen in Tibet gehören zu

Der vergessene Völkermord

den schrecklichsten und brutalsten auf der ganzen Welt. Die Tibeter fühlen sich im eigenen Land wie Menschen zweiter Klasse. Apartheidspolitik ist eine Verachtung der fundamentalen Menschenrechte, welche die Vereinten Nationen nach dem Zweiten Weltkrieg bestimmt haben. Die eigentliche Macht in Tibet liegt in den Händen des chinesischen Militärs und bei den Funktionären der Kommunistischen Partei Chinas. Jede Tibeterin und jeder Tibeter, die sich loyal zu Tibets Geschichte, Tradition und Religion verhalten, gelten den heutigen „Herren" in Tibet als „Verbrecher"; wer mit der Besatzungsmacht zusammenarbeitet, ist progressiv.

Die chinesische Politik war bisher unfähig, auf die vernünftigen Vorschläge des Dalai Lama rational zu antworten. Obwohl der Dalai Lama in den letzten Jahren nicht mehr von Tibets Souveränität spricht, wird ihm in Peking unterstellt, er wolle „die Einheit Chinas zerstören". Tatsache ist, dass seine Vorschläge eine große Hilfe für eine gute Zukunft in China, Tibet, Indien und allen betroffenen Himalaya-Nationen sind.

China mag kurzfristig die Friedensvorschläge ignorieren. Mittel- und langfristig führt kein Weg an ihnen vorbei. Der Dalai Lama: „Die Macht, die auf Gewehren basiert, ist nur von kurzer Dauer. Am Ende triumphiert die Liebe der Menschheit für Wahrheit, Gerechtigkeit, Freiheit und Demokratie. Ganz gleich, was

Regierungen auch tun mögen, am Ende setzt sich immer die Menschlichkeit durch."

Auch das furchtbar große Leid, welches die Tibeter heute noch erdulden müssen, wird eines Tages zu Ende sein. Bleiben wird die Schuld derer, die dafür verantwortlich sind. In seiner Autobiographie (Dalai Lama, „Das Buch der Freiheit – Die Autobiographie des Friedensnobelpreisträgers") fasst der Dalai Lama seine Lebensphilosophie und seine heutige Einstellung gegenüber der Lage in Tibet so zusammen: „Dieses Leid wird durch Unwissenheit verursacht, dass nämlich Menschen im Streben nach ihrem eigenen Glück und ihrer eigenen Befriedigung anderen Leid zufügen. Der Schlüssel zum wahren Glück aber ist der innere Frieden, den man erlangt, indem man seine Liebesfähigkeit, sein Mitgefühl und seine Hinwendung zum Mitmenschen entwickelt und Zorn, Egoismus sowie Habgier bekämpft."

Dies mag politisch wohl naiv klingen. Viele halten auch die pazifistische Position des Jesus von Nazareth in der Bergpredigt für naiv. Und dennoch arbeitet die Zeit für diese „Naiven". Die friedliche Wiedervereinigung Deutschlands im Jahr 1989 hat uns diese Erkenntnis deutlicher als je zuvor vor Augen geführt. Die Zeit der Gewalt und Vergeltung kann überwunden werden von einer Zeit der Gewaltlosigkeit und Vergebung. Die Zukunft wird denen gehören, die – wie der Friedensnobel-

preisträger aus Tibet – die Fähigkeit entwickeln, spirituelle Werte mit einer politisch realistisch-pragmatischen Einstellung zu verbinden.

Der kommunistische Versuch, den Lamaismus – wie die buddhistische Religion in Tibet heißt – auszulöschen, kann schon heute in Tibet als gescheitert angesehen werden. Dieses Scheitern kann sogar besichtigt werden – z.B. in diesem Buch. Jahrzehnte religiöser Unterdrückung und atheistischer Erziehung haben nicht verhindert, dass in Tibets Klöster wieder viele junge Menschen eintreten und in Tibets geheimnisvoll erleuchteten Tempeln massenhaft Jugendliche und Kinder aus allen Gegenden Tibets beim Beten, Meditieren, Singen und Wallfahren zu sehen sind. Man muss die leuchtenden Augen und strahlenden Gesichter dieser Jugend gesehen haben, um zu verstehen, dass das Leben in Tibet Religion ist – und auch in Zukunft sein wird. Religion, so sagte eine Nonne in Lhasa meiner Frau in die Kamera, sei das Wichtigste in ihrem Leben.

Und wie passen dazu die vielen aktuellen Selbsterbrennungen von Tibetern in den letzten Jahren?

Zwischen Februar 2009 und Dezember 2012 haben sich 95 Tibeter selbst öffentlich angezündet. Sie begründeten ihre Tat ausnahmslos mit Chinas Repressionspolitik auf dem Dach der Welt. Viele hielten bei ihrer Verzweiflungstat ein Bild des Dalai Lama in Händen oder eine tibetische Flagge.

Als im November 2012 die chinesische Führung wechselte, wurden allein 28 neue Fälle bekannt, so viele wie noch nie in einem Monat. Am Anfang waren es Mönche und Nonnen, aber 2012 gab es auch Schüler und Studenten, Nomaden und Bauern unter den Opfern. Zum Beispiel die 17-jährige Wanchen Kyi aus der Präfektur Rebkong. Augenzeugen berichteten, dass die junge Frau den Namen des Dalai Lama gerufen hat, als die Flammen ihren Körper umhüllten. Mehr als 3.000 Tibeter versammelten sich später an der Stelle

der Selbstverbrennung zum Gebet und Protest. Solche Meldungen, die nur schwer zu überprüfen sind, erreichen die Welt seit über drei Jahren über Exiltibeter im indischen Dharamsala, der Residenz des Dalai Lama, und über tibetische Netzwerke in westlichen Ländern. Chinas Propagandamaschine nennt die Selbstverbrennungen „verkappten Terrorismus" und macht „die Dalai-Lama-Clique" dafür verantwortlich. Die Pekinger „Global Times" schrieb im Dezember 2012 von „ schlechten Mönchen und gehirngewaschenen Opfern, welche die Weltöffentlichkeit gegen China aufbringen wollen".

Der Mönch Goba hat sich am 8. Januar 2012 selbst verbrannt. Er hielt dabei eine Kassette in der Hand, auf der er diese Abschiedsworte gesprochen hatte: „Ich gebe meinen Körper als Opfer ans Licht, um die Dunkelheit zu vertreiben."

Der 22-jährige Ngawang Nophel hat sich am 22. Juni 2012 verbrannt. Kurz vor seinem Tod klagte er auf einem Video: „Mein Volk hat nicht einmal die Freiheit der eigenen Sprache." Das meint auch der Dalai Lama, wenn er vom „kulturellen Völkermord in Tibet" spricht: Chinas Kommunisten versuchen Tibets Religion, Sprache und Kultur brutal auszurotten.

Die 26-jährige Mutter von zwei Kindern, Chagmo Kyi, hat sich am 17. November 2012 verbrannt. Sie hinterließ einen Umschlag, auf dem das Wort „Peace" stand. Im Abschieds-

brief bittet sie den neuen Chef der Kommunistischen Partei Chinas, Xi Jinping, sich mit dem Dalai Lama zu treffen.

Die Selbstmorde sind in der tibetischen Gemeinde umstritten. Der Buddhismus lehnt – wie auch andere Religionen – Selbstmord ab. Im Juli 2012 sagte der Dalai Lama in der indischen Zeitung „Hindu Times", jede Selbstverbrennung bestürze ihn. Auch politisch seien Selbstverbrennungen „heikel": „Wenn ich etwas Positives dazu sage, dann greift mich China an. Wenn ich etwas Negatives sage, dann mache ich die Familien der Verstorbenen traurig. Sie haben ihr Leben geopfert, das ist nicht so einfach." Alle Religionen halten es für ein hohes Gut, wenn ein Individuum sich für die Gemeinschaft opfert, solange dabei kein anderer Schaden nimmt.

Chinas Medien hingegen nennen die sich selbst verbrennenden Tibeter „Terroristen und Kriminelle". Peking schiebt dem Dalai Lama die Schuld zu.

Ob ein Treffen des Dalai Lama mit Chinas neuem starkem Mann, Xi Jinping, hilfreich sein könnte? Dessen Vater war ein kompromissbereiter Kommunist und einst vom Dalai Lama hoch geschätzt – so ist aus der engsten Umgebung des Dalai Lama zu erfahren. Eine schwache Hoffnung – immerhin. Aber mehr auch nicht.

Am 10. Dezember 2012, am Tag der Menschenrechte, schrieb „Der Spiegel": „Die Serie der

Der vergessene Völkermord

Selbstverbrennungen in Tibet reißt nicht ab, fast täglich kommen Menschen ums Leben. Diesmal übergoss sich eine erst 16 Jahre alte Schülerin mit Benzin und steckte sich in Flammen. Sie protestierte gegen die chinesische Herrschaft."

Der 43-jährige Schriftsteller Gutrup verbrannte sich am 4. Oktober 2012 im Bezirk Driru. Seine letzten Worte stellte er bei dem populären chinesischen Online-Netz qq.com ein. Dort schrieb er:

„Seine Heiligkeit der Dalai Lama befürwortet eine Politik des Mittleren Weges zur Verwirklichung des Rechts Tibets auf Autonomie. Sechs Millionen Tibeter folgen den Lehren Seiner Heiligkeit.

Doch die KPC (Kommunistische Partei Chinas) achtet uns nicht. Statt dessen nehmen sie jene Tibeter, welche die ihnen zustehenden Rechte einfordern, fest und foltern sie. Sie machen den Dalai Lama schlecht, und wenn jemand Tibet nicht als einen Teil Chinas anerkennt, dann verschwindet er oder wird ermordet. Sie haben nichts für die Tibeter übrig. Um die Welt wissen zu lassen, wie die Lage in Tibet tatsächlich ist, müssen wir unsere friedlichen Handlungen drastischer gestalten, indem wir unsere Körper in Flammen setzen und die Unabhängigkeit Tibets hinausschreien."

Der chinesische Schriftsteller Liao Yiwu war von den heute noch Mächtigen in China viele Jahre eingesperrt gewesen. Inzwischen lebt er im deutschen Exil. Im Oktober 2012 erhielt er in der Frankfurter Paulskirche den Friedenspreis des Deutschen Buchhandels. Einst wollten ihn die chinesischen Kommunisten das Fürchten lehren. Doch inzwischen hat Liao Yiwu den Spieß umgedreht. Mit jedem seiner Bücher und mit jeder Rede lehrt er die Kommunisten in Peking das Fürchten. In seiner Dankesrede in Frankfurt meinte er: „Dieses Imperium muss auseinanderbrechen". Und furchtlos geißelte er die Politik Pekings gegenüber ihren eigenen Minderheiten:

„Nach dem Tian'anmen-Massaker (1989) setzte sich die blutige Unterdrückung fort, gegen die Angehörigen der Opfer des Massakers, gegen Qigong-Gruppen, Falun-Gong, die Demokratische Liga Chinas, Beschwerdeführer, enteignete Bauern, Arbeitslose, Anwälte, Untergrundkirchen, die Opfer des Erdbebens von Sichuan, die Unterzeichner der Charta 08, Anhänger der Jasminrevolution, Tibeter, Uiguren und Mongolen. – Die Fälle häufen sich und die Tyrannei geht auf hohem Niveau weiter."

Im Januar 2013 wird bekannt, dass chinesische Behörden 15 Tibeter festgenommen haben. Ihnen wird vorgeworfen. Informationen über Feuerproteste weitergegeben zu haben. Einige von ihnen wurden sofort mit Gefängnis bestraft. Ebenfalls im Januar 2013 forderte der Dalai Lama im indischen Fernsehen eine „gründliche Untersuchung" der Ursachen für die Welle der Selbstverbrennungen: „Letztes Jahr, als die meisten Selbstverbrennungen passierten, war ich in Japan und sagte, es sei an der Zeit, dass die chinesische Regierung eine gründliche Untersuchung vornimmt, um die Ursache für diese traurigen Ereignisse zu erforschen. Sie sind nämlich nur das Symptom von einer Ursache."

Gibt es also keine Hoffnung für die Tibeter und für alle anderen unterdrückten Minderheiten in China?

Die durch und durch religiös geprägten Tibeter sind überzeugt von ihrem geistigen Sieg über den materialistischen chinesischen Kommunismus, wobei Religion in Tibet weit mehr mit Erfahrung und Erkenntnis als nur mit äußerer Verehrung oder Anbetung zu tun hat.

Auf dem Sockel der einst monumentalen Buddha-Statue im Roten Tempel von Tsaparang liegen abgeschlagene Köpfe von Göttern und Dämonen, und überall sind Gewehreinschüsse zu erkennen.

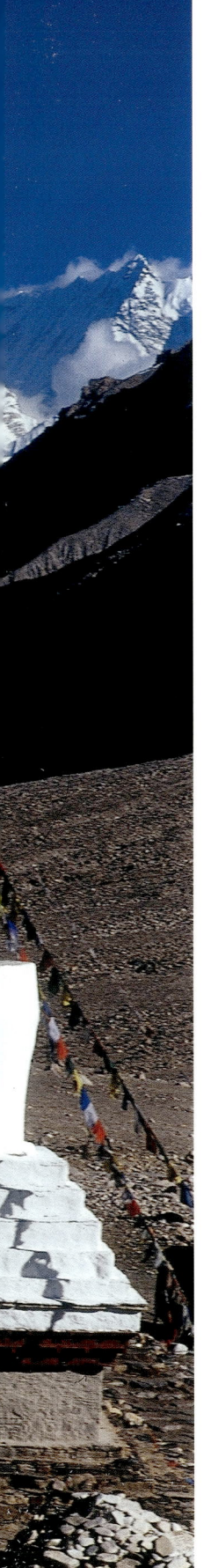

Inzwischen ist das Kloster
Rongbuk vor dem Mount Everest
wieder aufgebaut. Das Kloster
in 5000 Meter Höhe wird
von wenigen Mönchen
bewohnt. Dieses Bild wurde
im Jahr 2004 fotografiert.

Das Kloster Rongbuk wurde
während der Kulturrevolution
total zerstört. Die Aufnahme
stammt aus dem Jahr 1984.

133

Der Dalai Lama – wer ist dieser Mann?

Franz Alt

„Ein Tibeter lässt sich weder durch Einschüchterung noch durch Terror beugen und der Angriff auf unsere Religion, unseren kostbarsten Besitz, war eine Politik des Wahnsinns."　　*Dalai Lama*

„Mein Alltag sieht genauso aus wie der aller Mönche, Freiheitskämpfer, Politiker und Verwaltungsbeamten", sagt der Dalai Lama. Und macht, was er am liebsten tut: Er lacht. Lange und herzhaft. Einen normaleren, natürlicheren Menschen habe ich nie kennengelernt. In den vergangenen 27 Jahren bin ich ihm 26-mal begegnet, manchmal kurz, manchmal mehrere Tage lang. Es fällt mir leicht, den Privatmenschen zu beschreiben. Denn er ist immer, wie er ist: bescheiden, humorvoll, offen gegenüber jedem. Einer der weisesten und sympathischsten Menschen dieser Erde. Der 14. Dalai Lama begegnet im Traum manchmal seinem Vorgänger, dem 13. Dalai Lama. „Ich fühle mich dem ersten und dem zweiten Dalai Lama zwar emotional besonders verbunden. Doch im Traum sind sie mir nie begegnet", sagt er. Die beiden ersten Dalai Lamas regierten im 15. und 16. Jahrhundert. Die Mongolenherrscher legten einst den Grundstein für die wichtigste Institution des tibetischen Buddhismus, die heute wie keine andere der Welt Spiritualität und Friedfertigkeit verkörpert. Der mongolische Begriff Dalai Lama bedeutet „Lehrer des Weltenmeeres" oder auch „Ozean der Weisheit."

Geprägt hat Lhamo Dhondup, den späteren Dalai Lama, seine Kindheit. Besonders eng war das Verhältnis zu seiner Mutter Dekyi Tsering, eine starke Frau, die als Bäuerin in Feld und Haus arbeitete und 16 Kinder zur Welt brachte. Von den 15 Geschwistern des Dalai Lama erreichten nur sechs das Erwachsenenalter. Der Vater, Chökyang Tsering, verdiente sein Geld als Bauer und Pferdehändler. Die Eltern waren – wie alle Tibeter – tief religiös, von ihnen lernte der Junge die buddhistischen Rituale des Alltags: die Gesten und Gebete vor dem Hausaltar, die Besuche in den Klöstern, die Achtung vor allem Lebendigen. Jeden Morgen zündete die Mutter Butterlampen an und betete mit den Kindern vor dem Hausaltar. Ihr geduldiges Wesen hat den Sohn stark geprägt. Ich fragte ihn einmal: „Was ist Liebe?" Und er sagte: „Das, was ich von meiner Mutter gelernt habe." In einem seiner Bücher schreibt er: „Bei mir entstand das Mitgefühl durch meine Mutter. Wenn eine Mutter ihrem Kind das ganze Mitgefühl schenkt, kann es gar nicht genug davon bekommen. Mitgefühl ist die Basis von Gewaltlosigkeit." Kein Wunder, dass die Tibeter ihn den „Botschafter des Mitgefühls" nennen.

Ein Kind auf dem Thron

Schon 1940 wird der Junge, damals erst fünf Jahre alt, zum weltlichen Herrscher Tibets ernannt, zum Dalai Lama. Er bezieht den Potala-Palast in Lhasa. Dort fühlt er sich immer eingesperrt. Freundschaften mit Gleichaltrigen kann er nicht schließen. Er ist überwiegend von älteren Mönchen umgeben, die auf die Einhaltung einer strengen Tagesordnung achten. Er selbst schildert seine Kindheit als erlebnisarm und freudlos. Heute kennen wir Seine Heiligkeit als freundlichen, immer lächelnden Menschen – früher war das anders. Der britische Gesandte Hugh Richardson, einer der wenigen Vertreter der westlichen Welt, die den Dalai Lama als Kind zu Gesicht bekamen, schildert ihn so: „Er lächelte nie, sondern schaute mit unveränderlich ruhigem Blick." Der Lehrplan des jungen Mönchs sieht folgende Hauptfächer vor: tibetische Kunst und Kultur, buddhistische Philosophie, Medizin, Sprachwissenschaft, Grammatik und Dialektik, die Kunst des Diskutierens. Nebenfächer: Poesie, Musik, Drama, Astrologie und Wortschatz.

Lehrer, Berater, Freunde

Die Technikbegeisterung des jugendlichen Dalai Lama weckt und fördert der österreichische Abenteurer und Bergsteiger Heinrich Harrer, der nach 1944 sieben Jahre lang bei

Harrer weckte in ihm auch die Neugier, Länder und Völker der Erde kennenzulernen. Keiner seiner Vorgänger hatte den tibetischen Kulturkreis je verlassen. Doch schon in seiner Jugend zeigte der 14. Dalai Lama einen unerschöpflichen Wissensdurst – auch für weltliche Angelegenheiten. Die Neugier hat den Mann nie verlassen. Über Jahrzehnte diskutierte er mit Naturwissenschaftlern wie Carl Friedrich von Weizsäcker über Physik und Quantenphysik, beschäftigt sich mit Darwinismus, Relativitätstheorie und Neurologie und wird sogar zu den Weltkongressen der Gehirnforscher eingeladen, um über Meditation und Neurologie zu referieren. Er weiß: „Was uns die moderne Gehirnforschung lehrt, deckt sich mit den Intuitionen, die wir Mönche in Jahrtausenden entwickelt haben. Religion und moderne Naturwissenschaft ergänzen sich vortrefflich." Rationalistische abendländische Denkweisen und buddhistische Philosophie zu verbinden ist ihm seit Jahrzehnten ein großes Anliegen.

November 1989, Freie Universität Berlin: ein Auditorium von 2000 Studenten. Hier traf ich den Dalai Lama mit Petra Kelly und Gert Bastian. Zuvor hatte er gemeinsam mit Bärbel Bohley und anderen Bürgerrechtlern der DDR auf der Mauer gestanden – kurz nach ihrem Fall. Er erzählte: „Als ich dort oben stand, reichte mir eine alte Frau wortlos eine brennende Kerze. Bewegt hielt ich sie empor.

ihm in Lhasa lebt. Autos faszinieren ihn ebenso wie Filme und Uhren – im damals technisch rückständigen Tibet lauter unbekannte Wunderwerke. Als 15-Jähriger unternimmt der Dalai Lama von seinem Sommerpalast aus eine verbotene Spritztour mit einem der vier Autos, die es damals in der Himalaya-Region gab. Sie endet mit einem Crash am Baum und einem zerbrochenen Scheinwerfer. Der Dalai Lama später: „Mir war klar, dass ich ihn unbedingt reparieren musste, da meine Spazierfahrt sonst entdeckt und ich in der Patsche sitzen würde. Zu meiner Bestürzung musste ich feststellen, dass er nicht aus gewöhnlichem, sondern aus mattiertem Glas bestand. Obwohl ich alsbald ein Stück Glas fand, das ich passend zuschneiden konnte, ergab sich nun das Problem, dass es anders als das Original aussah. Schließlich löste ich das Problem, indem ich es mit Zuckersirup bestrich. Ich war mit dem Resultat meiner Handwerksarbeit sehr zufrieden."

Der Dalai Lama – wer ist dieser Mann?

Einen kleinen Augenblick lang drohte die Flamme zu erlöschen, wurde dann aber wieder größer. Und während sich die Menschen um mich scharten und meine Hände berührten, betete ich, dass dieses Licht des Mitgefühls und des Bewusstseins die Welt erfüllen und die Finsternis der Angst und der Unterdrückung vertreiben möge." Diesen Augenblick, so der Dalai Lama, werde er nie vergessen. Er habe ihn in seiner Überzeugung bestärkt: „Auch das Leid, das mein Volk durch die Volksrepublik China erfährt, wird eines Tages enden!"

Im Kreuzfeuer der Kritik

Für dieses Ziel kämpf das Oberhaupt der Tibeter – mit friedlichen Mitteln. Doch sein Bekenntnis zur Gewaltfreiheit ist unter den Exil-Tibetern nicht mehr unumstritten. Einer seiner schärfsten Widersacher ist der Vorsitzende des Tibetischen Jugendkongresses, Tseten Norbu. „50 Jahre Politik der Gewaltfreiheit haben für Tibet nichts gebracht", erklärt er immer wieder gegenüber Journalisten. „Gewaltlosigkeit ist aus der Sicht unseres Jugendverbandes eine große Schwäche." Wie reagiert Seine Heiligkeit auf solche Kritik? „Ich kann verstehen, wenn Tibeter nach Jahrzehnten der Unterdrückung und Repression aufbegehren. Ich hege Sympathie für sie. Sie haben ja gar keine andere Wahl." Was aber, wenn diese Haltung eines Tages zu gewalttätigem Aufstand und Blutvergießen führt, wie etwa in Vietnam? „Dann werde ich zurücktreten und alle meine Ämter zur Verfügung stellen. Gewalt ist mit Buddhas Lehre nicht vereinbar. Gewalt – das sieht man doch im Irak und in Afghanistan – erzeugt immer neue Gewalt und neues Leid". In vielen Fernsehsendungen hat er mir immer wieder versichert, seine Heimat werde eines Tages frei sein. 1993 wagte er sogar eine Prophezeiung: „Ich kann mir gut vorstellen, dass Tibet bis zum Jahr 2000 frei sein wird und ich zurückkehren kann." Auch ein Dalai Lama kann irren – leider.

Ein Mönch der Gegensätze

Nicht sein Amt, aber das Überleben der tibetischen Kultur ist ihm wichtig. „Wäre ich ein totalitärer Diktator, müsste ich dringend darüber nachdenken, wer mein Nachfolger wird. Ob aber die Institution des Dalai Lama bestehen soll, hängt ausschließlich von den Wünschen der Tibeter ab. Wenn sie zu dem Ergebnis kommen, dass es nicht länger relevant ist, wird sie verschwinden."

Von Kritikern wird ihm oft vorgeworfen, er verbreite in seinen Büchern eher Kalendersprüche als spirituelle Wahrheiten. Das sehe ich anders. Der Dalai Lama versteht es, die Menschen spirituell und intellektuell dort abzuholen, wo sie stehen. Ihm gelingt, was Vertretern christlicher Religionen oft schwerfällt: Spiritualität und Wissenschaft, Emotionalität und Rationalität, Herz und Verstand zu vereinen. Er diskutiert auf Augenhöhe mit Vertretern der modernen Wissenschaft – und ist in Bezug auf buddhistische Rituale ein Traditionalist. Er löst scheinbare Gegensätze in seiner Person glaubhaft auf. Im abendländischen Denken gilt das Entweder-oder, in den östlichen Weisheiten das Sowohl-als-auch.

Was sagt der Dalai Lama zu diesen Widersprüchen? Er lacht. Und meint: „Wir müssen voneinander lernen. Dann finden wir den Weg zur Einheit in der Vielfalt." Mit dieser Botschaft begeistert er Millionen.

Die Menschen der westlichen Konsumgesellschaften verehren ihn – obwohl er sich schon einmal als Halbmarxist bezeichnet hat. An den beiden großen politischen Doktrinen übt er gleichermaßen Kritik: „Am Kommunismus verurteile ich die gewalttätige, totalitäre Gesellschaft, am Kapitalismus die Gier, reicher und reicher werden zu wollen." Den Reichtum will er gleichmäßiger verteilen. „Ich denke eher an eine verantwortungsvolle, humane Marktwirtschaft mit einer starken staatlichen Kontrolle."

Er trifft sich mit Politikern aus der ganzen Welt. Viele schmücken sich gern mit dem „Gottkönig" aus dem Himalaya. Doch er weiß, dass sein Einfluss begrenzt ist.

Heute ist er in Taipeh, morgen in Frankfurt, drei Tage später in Rom, Prag oder Washing-

Exiltibeter in Dharamsala feiern den Geburtstag des Dalai Lama (6. Juli). Sie werfen Mehl in die Luft und wünschen dabei Seiner Heiligkeit Glück und Segen.

Kosmopolitisch wie der Dalai Lama ist auch sein Frühstück: tibetischer Gerstenbrei und abgepacktes amerikanisches Haselnussmüsli. Danach englischsprachige indische Tageszeitungen und die Morgennachrichten der BBC. Wird ihm tagsüber der Besucherstrom aus Touristen, Journalisten und Gästen zu viel, sagt er auch mal: „Am liebsten wäre ich ein einfacher Mönch in einem abgelegenen Kloster." Personenkult ist ihm sichtbar zuwider. Esoterikern, die schnelle Erleuchtung suchen, rät er mitunter sehr ironisch: „Nehmen Sie am besten eine Spritze."

Oder: „Die Erleuchteten wissen alles und haben von nichts eine Ahnung". Über manche Westler, die sich nach einem Gespräch mit ihm gleich als Buddhisten fühlen, reißt er sogar Witze. Aber dann empfiehlt er – wieder ganz ernst –, es doch einmal mit der Religion des eigenen Kulturkreises zu versuchen. Er predigt, aber er missioniert nicht. In der Schweiz fragte ihn ein Journalist, ob es ihn nicht störe, dass dort lebende junge Tibeter zum christlichen Glauben übergetreten seien. „Warum soll mich das stören? Entscheidend ist doch, dass die jungen Leute glücklich sind." Die Botschaft dieses beeindruckenden Mannes ist eindeutig. Wer ihn nach dem Sinn des Lebens fragt, bekommt zwei Worte zu hören: „Be happy."

ton. Warum tut er sich im hohen Alter noch immer diese Reisen an? Weil er eine innere Verpflichtung spüre, allen Menschen zu helfen. Er will ihnen – im wahrsten Sinn des Wortes – entgegenkommen. Schon 1959, drei Tage vor seiner Flucht aus dem von China besetzten Tibet, prophezeite ihm sein Orakel, dass er im Westen gebraucht werde. Und sein Orakel, sagt der Dalai Lama, hatte schon immer Recht. So spricht er nun unermüdlich auch vor westlichem Publikum „von der Kostbarkeit, ein Mensch zu sein".

Meditation in Flipflops

Seit über 50 Jahren lebt der Dalai Lama im nordindischen Dharamsala mit 20.000 Tibetern im Exil. Er wohnt – mit Blick auf die Berge des Himalaya – in einem bescheidenen Haus. Der prominenteste Flüchtling der Welt wird von indischem Militär und seiner eigenen Leibwache beschützt. Jeden Morgen um halb vier Uhr steht er auf, schlüpft in seine Kunststoff-Flipflops, meditiert vier Stunden über Texten auf uralten Palmblättern und läuft 20 Minuten auf dem Laufband.

Das Lachen der Tibeter

Tibeter wurden vertrieben, entrechtet, gefoltert, vergewaltigt und getötet.
Trotzdem haben diese Menschen ihr Lachen nicht verloren –
weil sie ihren Glauben und ihre Tradition nicht aufgegeben haben und
weil sie weiter auf Gerechtigkeit in dieser Welt hoffen.

Der Dalai Lama hat mir (H.W.) in seinem unendlichen Optimismus gesagt:
„Wenn Tibet eines Tages frei sein wird und ich zurückkehren werde, dann sollst du mich
begleiten und mein Land neu fotografieren!" Inzwischen sind wir beide – und auch
Franz Alt – über 70 Jahre alt. Trotzdem würden wir mit Seiner Heiligkeit nach Tibet reisen.

Yak-Karawanen sind die traditionelle und immer noch gültige
Reisemethode in den straßenlosen Hochtälern Tibets.

Verwendete und empfohlene Literatur zum Weiterlesen

Peter Aufschnaiter
Sein Leben in Tibet, Steiger Verlag, Innsbruck 1983

James Hilton
Der verlorene Horizont, Fischer Taschenbuch Verlag, Frankfurt 1983

Heinrich Harrer
Sieben Jahre in Tibet, Ullstein Verlag, Berlin 1957

Sven Hedin
Transhimalaja, Brockhaus, Leipzig 1909

Lama Anagarika Govinda
Der Weg der weißen Wolken, Scherz Verlag, Bern 1985

Dalai Lama
Mein Leben und mein Volk, Droemer Knaur, München 1968

Dalai Lama
Das Buch der Freiheit, Lübbe Verlag, Bergisch Gladbach 1990

Ernst Schäfer
Dach der Erde, Verlag Paul Parey, Berlin 1938

Noel Barber
Die Flucht des Dalai Lama, Paul List Verlag, München 1961

Peter Hannes Lehmann
Tibet – das stille Drama auf dem Dach der Erde, GEO, Hamburg 1981

Helfried Weyer
Tibet – Wahrheit und Legende, Badenia Verlag, Karlsruhe 1982

Helfried Weyer
Tsaparang – Tibets großes Geheimnis, Eulen Verlag, Freiburg 1987

Helfried Weyer
Tibet – der stille Ruf nach Freiheit, Eulen Verlag, Freiburg 1988

Die Arbeit der ICT

Die International Campaign for Tibet (ICT) kämpft für die Menschenrechte und das Selbstbestimmungsrecht des tibetischen Volkes.

Wenige Völker genießen so viel Sympathie wie die Tibeter. Doch die Menschen in Tibet werden seit der Besatzung durch chinesische Truppen im Jahr 1949 systematisch gezwungen, ihre Sprache, ihre Religion und ihre Jahrtausende alte Kultur zu verleugnen. Die chinesischen Machthaber schränken die Menschenrechte in Tibet massiv ein.

Um Tibet politisch weltweit eine starke Stimme zu geben, gründete sich 1988 in den USA die International Campaign for Tibet (ICT). Diese ist international vernetzt und hat Vertretungen in Washington (D.C.), Amsterdam, Brüssel, London und seit 2002 auch in Berlin.

Die ICT ist eine gemeinnützige Nichtregierungsorganistion, die weltweit von über 100.000 Förderern unterstützt wird.

Bitte helfen Sie Tibet

Werden Sie Förderer(in) der ICT

Ihre Unterstützung hilft

- unsere Arbeit für den Schutz der Menschenrechte in Tibet erfolgreich umzusetzen

- Öffentlichkeit und Politik auf die Menschenrechtsverletzungen in Tibet mit Nachdruck hinzuweisen

- die Situation der Flüchtlingskinder in den tibetischen Kinderdörfern in Nordindien zu verbessern

Wir

- setzen uns für die Freilassung tibetischer politischer Gefangener ein

- treten gegen Folter und Misshandlungen in Tibet ein

- setzen uns für die Rechte tibetischer Flüchtlinge ein

- machen Menschenrechtsverletzungen öffentlich

Mit dem Kauf dieses Buches haben Sie schon geholfen, dass die Menschen in Tibet nicht vergessen werden. Aber wir bitten Sie um mehr – nicht für uns, sondern für Tibet. Fordern Sie jetzt bei uns Ihr persönliches Anmeldeformular an.

Herzlichen Dank!

links: Tibetische Flüchtlingskinder in Dharamsala.

International Campaign for Tibet Deutschland e.V.
Schönhauser Allee 163
10435 Berlin
Tel.: +49 (0) 30 / 27 87 90 86
Fax: +49 (0) 30 / 27 87 90 87
www.savetibet.de
info@savetibet.de

Impressum

Umwelthinweis:
Der Inhalt dieses Buches wurde auf Papier
mit chlorfrei gebleichtem Zellstoff gedruckt.
Das Einbandmaterial ist recyclebar.

Die Deutsche Bibliothek – CIP Einheitsaufnahme

Tibet – Ein Volk ruft nach Gerechtigkeit
Franz Alt, Helfried Weyer
Steinfurt; Tecklenborg Verlag, 2013
ISBN: 978-3-939172-96-3
1. Auflage 2013

© 2013 by Tecklenborg Verlag, Steinfurt, Deutschland
Alle Rechte vorbehalten

Gesamtherstellung: Druckhaus Tecklenborg, Steinfurt

Wir danken der ICT für die Überlassung des Fotos
auf Seite 20 und Marcus Gernsbeck für die Überlassung
des Fotos auf Seite 133.

ISBN: 978-3-939172-96-3